# 從書生到扭轉乾坤

## 曾國藩傳奇

歐陽彥之 著

目錄

CONTENTS

曾國藩
如何反敗為勝
關鍵時刻

CONTENTS

◆第十一章

識人論——洞察對方的品格



◆第十二章

領導論——有操守而無官氣，多條理而少大言



◆第十三章

治家篇——治家有方，名人輩出

目錄

CONTENTS

# 前言 曾國藩方圓兼備的處世哲學

曾國藩（一八一一年—一八七二年），初名子城，字伯函，號滌生，諡文正，湖南湘鄉人。提起曾國藩，人們通常會冠以清朝軍事家、理學家、政治家、書法家、文學家的稱號，亦會稱他爲晚清「第一名臣」，是湘軍的創立者和統帥，是晚清散文「湘鄉派」的創立人。

曾國藩是中國近代史上叱吒風雲的人物，有著謎一樣的人生。他一介儒生，昂然崛起於湘楚之間，在中國近代史上留下了濃墨重彩的一筆。他被譽爲「立德立功立言三不朽，爲師爲將爲相一完人」。

在無數成功人士眼裡，曾國藩身上有著學不完的智慧。拋開曾國藩的門生不提，在過去一百多年裡，向曾國藩學習和借鑒的功成名就者，就多得數不勝數。比如大學問家梁啓超，晚清名臣左宗棠、張之洞，備受爭議但權傾一時的李鴻章等，這些人的影響力甚至可以說超過了曾國藩，或者至少不輸於他。

可見，曾國藩用自己的經歷踐行了儒家幾千年來宣導的「修身齊家治國平天下」的人生理想。曾國藩身上的眾多優點都是值得我們好好學習和借鑒的。

當一個普通人變成了一個「聖人」、「完人」，這顯然不是生命再造的奇蹟，而是自我追求和磨礪的結果。

當然，我們不是歷史學家，不需要深刻鑽研，搞清曾國藩的來龍去脈；我們也不是批評家，不需要做出鑒定，給曾國藩一個準確的定位。我們只是我們自己，只需要擷取關於曾國藩的隻言片語，從中窺知這個「中國最後一個大儒」的想法和作爲，汲取他做人、爲官、用人、修身、治家、養生等方面的營養，爲我們今天的工作和生活提供幫助。

我們可以從他身上學到一套識人用人的不傳之秘——

曾國藩的識人本領在他著的《冰鑒》一書裡有著詳細的記錄。自廿八歲中了進士後，曾國藩在接下來的近十年裡被朝廷加官晉爵七次，連升了十次，到三十七歲時已是一位二品高官。如此年輕就成爲朝廷大員，這在整個清朝都是獨一無二的。

我們可以從他身上學到創業成功的黃金法則——

曾國藩一介文人出身，手無縛雞之力，卻創建和領導了湘軍。通過卓有成效的訓練和殘酷的戰爭考驗，湘軍從無到有，從小到大，從弱到強，最終擊敗了如日中天的太平軍，終結了太平天國。在這個過程中，曾國藩打造出一支極具戰鬥力的團隊的秘訣，非常值得所有創業者和管理者學習與借鑒。

我們可以從他身上學到爲人處世的哲學——

曾國藩能在政治危機面前，躲過諸多劫難，並遊刃有餘，憑的全是他那剛柔並濟、方圓兼備的處世哲學。作爲方圓性格最典型的代表，曾國藩總能因人、因勢、因時而變，極盡中庸性格之精髓！想要在爲人處世上如魚得水者，可以從他身上學習剛柔相濟的中庸哲學。

……

不僅如此，每一個想要修煉內心、增進智慧的普通人，都可以從他身上學到明理之道。曾國藩能官場得志，事業大成，跟他的好學密不可分。他日夜苦讀，博覽群書，鑽研理學，才華橫溢，滿腹經綸。同時，他還以注重品行、爲人圓融通達而聞名於世。這些修心增智的有效方法，都很值得後世人借鑒。

從曾國藩的身上，我們看到，一個有遠大目標和人生抱負的人，是要懂得不斷完善自己的。要懂得今天的每一點改變，都是爲將來實現更大目標的一種積蓄和準備，等到時機成熟，就能一飛沖天。

# 第一章

## 立志說——志不立，天下無可成之事

曾國藩語錄：

君子立志，應有包融世間一切人和物的胸懷，有「內以聖人道德為體、外以王者仁政為用」的功業，然後才能對得起父母的生養，才不愧為天地之間的一個「完人」。

# 1 立志重要，立什麼樣的志更重要

有句話說得好：「想法決定活法。」有沒有志向和目標，決定了人生是傑出還是平庸；立什麼樣的志向，樹什麼樣的目標，決定了人生將收穫什麼樣的結果。

曾國藩深受儒家思想的影響，和很多聖賢都擁有「修身齊家治國平天下」的遠大志向一樣，曾國藩也有著非常遠大的志向。道光十五年，他在有感而發的《乙未歲暮雜感》一詩中寫道：

去年此際賦長征，豪氣思屠大海鯨。
湖上三更邀月飲，天邊萬嶺挾舟行。
竟將雲夢吞如芥，未信君山鏟不平。
偏是東皇來去易，又吹草綠滿蓬瀛。

一個廿五歲的青年能有這樣非凡的志氣，著實令人刮目相看。其中《感春六首》最能表現他的雄心：

群烏啞啞叫紫宸，惜哉翅短難長往。

一朝孤鳳鳴雲中，震斷九州無凡響。

……

虹樑百圍飾玉帶，螭柱萬石從金鐘。

莫言儒生終齷齪，萬一雉卵變蛟龍。

曾國藩還經常借詩文抒發自己的志趣，自比漢興之初的蕭何、陳平，漢末的諸葛亮等「布衣之相」，幻想「夜半霹靂從天降」，將他這個生長在僻靜山鄉的巨才偉人發掘出來，用爲國家棟樑。他堅信，自己終有一天會如同雲中展翅翺翔的孤鳳一樣，不鳴則已，一鳴則引來九州的震動；如同生長在深山中的巨材一樣，有朝一日會成爲國家大廈的棟樑。

曾國藩的志向很宏大，實現起來自然困難重重。然而，志向堅定的他爲了表達追求目標的決心，剛到北京時就寫下了《立志箴》：「煌煌先哲，彼不猶人，藐焉小子，亦父母之身，聰明福祿，予我者厚哉！棄天而佚，是及凶災，積悔累千其終也已。往者不可追，請從今始，荷道以躬，濆之以信，一息尚活，永矢弗諼。」意思是：賢哲和帝王也都是父母所生，他們也是通過後天的努力才成就了自己，而不是天生的。所以，只要按照自己的志向去努力拚搏，就會有所成就。此外，從現在開始，我要做不後悔的事情，因爲總後悔，積累多了，對自己也是一種負擔。努力就是要做最優秀的人，並且朝著這個目標去努力。

可見，立志重要，立什麼樣的志更重要。要成就自己，必須早立志；而要立志，就必須立大志。對於出身農家，後來官至極品的曾國藩來說，自然也有自己遠大的志向。這個志向不是升官發財、封王拜相之類的世俗志向，而是「不爲聖賢，便爲禽獸」的遠大志向。他認爲，升官發財、出將入相這些志向都是小志向，只有成爲聖賢豪傑才是人生的至高追求。他還認爲，聖賢豪傑都不是天生的，只要能夠立志，並且爲此努力，任何人都能成爲聖賢豪傑。

只要有明確而長遠的志向、堅定不移的信念和頑強拚搏的精神，不斷地努力，就能向著自己期望的目標靠近。這個過程可能會困難重重、艱辛異常，但是只要堅持下來，不斷力求做得更好，就必定能實現自己的大志向。

有的人一事無成，並非是因爲他們缺乏才能，而是因爲他們缺少成功的要素。

沒有雄心，就沒有披荊斬棘、攫獲成功的動力，自然也就不敢為自己制訂一個高遠的奮鬥目標。無論一個人有多麼超群的能力，如果缺乏高遠目標，都將難成大事。

美國行為學家吉格勒提出：「設定一個高目標就等於實現了目標的一部分。」氣魄大方可成就大，起點高才能至高遠。凡是能有所成就的人，他們從一開始奮鬥的時候，心中就懷有一個較高的目標，從一開始就能為自己的奮鬥明確定位，朝著自己的目標前進。因為心中懷有大志，所以他們會逐漸培養出一種良好的工作方法，養成一種理性的判斷方法和工作習慣。心中懷有遠大目標的人，與周圍的人相比，總是會呈現出與眾不同的思想境界，他們不像那些沒有目標的人那樣思想蒼白、格調低下，他們的每一天、每一秒都在為一個高遠的目標而奮鬥。

富有理想與遠景規劃能力的人，喜歡不斷地思索刺激進步的方法，並懂得將它們沉澱為某種特別的力量。

偉人心中有藍天，凡人心中有願望。英國詩人華茲華斯說：「高尚的目標能切實地堅持，就能成就高尚的事業。」大目標促使人的生活特質更多地傾向於「幹事業」，小目標使人的生活主要是為了過日子。一個人之所以偉大，首先是因為他有偉大的目標。

## 2 出身再貧賤，努力後也能成功

一個人能有多大的成就，固然與時運、機遇等有關係，但能起到決定作用的，還是自身強大與否。世間之事都是人做出來的，縱然有諸多外部客觀因素的影響和攪擾，但決定事情成敗的終究還是人，一個人本身能力的強弱才是決定事情成敗的最主要因素。

曾國藩的成功能給我們這樣的啓示：出身不是問題。出身再貧賤，努力後也一樣能夠成功，改變命運的關鍵在於自我奮鬥；資質也不是問題，中等資質的人同樣可以做出非凡的成就，關鍵在於自強不息。

曾國藩說：「自古帝王將相，沒有一個不是通過自立自強而成就自己的；所有成爲聖人賢人者，也都各有其自立自強之道。」

曾國藩家族數百年來世代務農，沒有一個人取得過功名，一直是默默無聞的寒族。一無背景、二無靠山的曾國藩，其所取得的成就完全是靠自己奮鬥得來的。

如何奮鬥呢？曾國藩認為：「自強之道貴於銖積寸累，一步不可蹈空，一語不可矜張。」這是其始終堅持的一個原則，所以他一再強調要「徐圖自強」。

曾國藩從來不認為自己是個很聰明的人，他曾多次說過自己很駑鈍。他考進士考了三次，廿八歲才考上。而在和他同一時代的一些風雲人物裡，李鴻章廿四歲中進士，胡林翼廿五歲中進士，還有很多人一次就考中了。比較之下，他實在算不上多出色。他當時的起點也不高，是以同進士身分進的翰林院，這是他一輩子引以為憾的事情。又如，他一生都很喜歡下圍棋，但他的圍棋下得卻並不好，是有名的「臭棋簍子」。

曾國藩更不是豪雄。他多次說自己膽子要比一般人小得多。他在晚年時更膽小。在處理天津教案的時候，他老是跟別人說這件事情自己做得不好，不停地自責，害怕老百姓非議自己，害怕朝廷責怪自己。

至於身體方面，他可以說是一個「老病號」。三十歲那年，他得了嚴重的肺病，大口吐血，幾乎不治而亡；三十五歲開始生牛皮癬，這個癬病很厲害，全身很癢，這令他非常痛苦，覺得「幾無生人之樂」；五十多歲時，他又得了嚴重的高血壓病，常常眩暈；最後，六十一歲的他死於腦中風。

所以說，先天條件不足的曾國藩，能夠取得如此輝煌的成就，完全是靠自強不息和不斷挖掘潛能獲得的。

一個人獲得成功的過程，也是不斷挖掘自我潛力、開發自我「金礦」的過程。這種挑戰自我的做法，是對自我的不斷反抗，它往往會激起對自己更大的征服欲，由此，惡行得以消除，善舉得以光大。同時，自我的實力就在這種征服與反抗中不斷獲得增強，自我的「金礦」也不斷得到開採和變現。

# 3 自強是前進路上的馬達

曾國藩認爲：「凡辦大事，半由人力，半由天事。吾輩當盡人力之所能爲，而天事則聽之彼蒼。」這也就是我們常說的「謀事在人，成事在天」。對於「謀事在人」，他認爲，真正的聖人君子的行爲準則，在於忠誠，並且以忠誠去影響天下人。也就是不置身事外，不做旁觀者，積極入世，盡自己的力量來做事情。爲此，他主張「法桃李之不言」，「虛心實做」，宣導躬行。

當然，躬身做事就必然會遇到這樣那樣的困難和阻力，沒有堅毅剛強的性格是堅持不下來的。曾國藩的幕僚薛福成在總結曾國藩的成功之道時認爲，曾國藩之所以能有所建樹，是因爲曾國藩是個「宏毅」的人。宏毅，其實就是自強的另一種解讀。

龍夢蓀在爲《曾文正公學案》所寫的序言中也說：「曾國藩之所以取得這麼巨大的成就，全都是從他品性的強毅、謙謹而來。正因爲他有堅強的毅力，所以才能不斷地勉勵自己去追趕前人的腳步；才會獨來獨往，自成一套，以免庸俗。即使碰到人世間比較艱苦的境地，也絲毫不動搖自己的信念；即使遇到千難百折，也不改變自己的志向。正是因爲他謙虛謹慎，總認爲事情沒有止境，因此不敢恃才自傲。在待人接物上，他總是小心翼翼，絕不敢有所怠慢；在處理公務時，他也盡職盡責，唯恐有所疏忽。因爲事情變化莫測，唯恐推斷有可能會出現失誤，所以他經常思考並且廣泛地徵求他人的意見；又因爲國家公務千頭萬緒，擔心自己的才能和力量難以勝任，所以他會舉薦賢能共同圖議；他的學問之所以突飛猛進，道德情操之所以高尚，功績文章之所以光耀寰宇，確實是因爲日就月將，有本有源的結果。」

從薛福成和龍夢蓀的話中，我們可以看出，曾國藩堅毅剛強的稟性特點，是其能夠在困境中「守得雲開見月明」的根本。

曾國藩小時候並沒有表現出很高的天賦。有一天他在家讀書，對一篇文章不知重複朗讀了多少遍，卻還是沒能背下來。這時候，他家裡來了一個賊，潛伏在他家的屋簷下，希望等他睡著之後撈點好處。可是等啊等，就是不見他睡覺，只見他還是翻來覆去地讀那篇文章。賊人大怒，跳出來說：「這種水準讀什麼書？」然後將那文章背誦一遍，揚長而去。

賊人聽著曾國藩朗誦，便能將文章背誦下來，可見他的天賦不差，但遺憾的是，他的天賦沒有用對路，所以只能做偷雞摸狗的事。而曾國藩堅信一分辛苦一分收穫，最終成爲了「近代最有大本大源的人」。

成功者不會奢望天上掉餡餅，因爲他們知道只有積極地行動起來，爲實現自己的目標努力付出，才有可能得到回報。他們相信天道酬勤，只有努力的人才有可能得到成功女神的青睞。而庸人則整天想著投機取巧、只說不做，他們這種「因」，能得到的也就只有失敗的「果」。

愛迪生說：「天才，是百分之一的靈感加百分之九十九的汗水。」天才其實就是勤奮。人的天賦就像火花，它可以熄滅，也可以燃燒起來，而使它燃燒成熊熊大火的方法只有一個，那就是付出。比起平庸的窮人，聰明的富人往往更願意付出，而不是一味地索取。

## 4 天下沒有「懷才不遇」這回事

《中庸》裡說：「上不怨天，下不尤人，故君子居易以俟命，小人行險以僥倖。」君子既不抱怨說上天不給自己機會，也不抱怨這個世界沒有人瞭解自己，他們只會「反求諸己」，更加修養自己的德行。曾國藩在這方面爲我們做出了表率。

曾國藩出生於清代晚期，那時的清王朝已經走向末路，在帝國主義的侵略下，忍受著欺凌。在這樣一個亂世裡，想要出人頭地、光宗耀祖，只能走科舉考試的老路，這也是那個年代讀書人實現人生飛躍的唯一途徑——學而優則仕。

每次科舉放榜，總有一些落榜的考生憤憤難平，破口大罵，不是罵考官，就是罵考題，反正總有得罵。無非是自己如此優秀，竟然不入那些考官的法眼，感歎自己生不逢時，空有一腦袋的學問卻懷才不遇。這件事給曾國藩留下了非常深刻的印象。

多年以後，曾國藩還常常想起這件事情。有一次，在給他四弟的信中，他寫道：「嘗見朋友中有美材者，往往恃才傲物，動謂人不如己，見鄉墨則罵鄉墨不通，見會墨則罵會墨不能，既罵房官，又罵主考，未入學者則罵學院。平心而論，己之所論詩文，實亦無勝人之處，不持無勝人之處，而且有不堪對人之處。只為不肯反求諸己，便都見得人家不是，既罵考官，又罵同考而先得者。傲氣既長，終不進功，所以潦倒一生而無寸進也。」

曾國藩雖然滿腹經綸，但也一樣有落榜的時候，不同的是，他很少口出怨言，更不會感歎懷才不遇。他知道，參加科舉考試失敗的原因在自己，是自己學識不足，還沒有掌握應有的知識。為此，他一直鞭策自己不斷地豐富學識，完善自己。

無論你的學識有多高，都會遇到無法施展的時候，如果你因此心生抱怨，不僅會浪費你的才華，還會讓別人看到你修養的缺乏而由此看輕你，如此，你無形中就會失去很多機會。

有的人一遇到不順或是事業發展達不到自己的期望時，就會感歎生不逢時、懷才不遇，他們把所有的原因都歸結到別人頭上，好像所有的人都和自己作對，都阻止自己成功一樣，借此來掩蓋自己的不足，甚至是無能。而事實上，這樣做恰恰會將自己的懦弱徹底暴露在別人眼前。

當然，在感歎懷才不遇的人中，有的人從事的工作確實不是自己所喜歡的，不能發揮自己的所長，但是爲了生活又不得不屈就，因此感到慫悶。而那些庸才發出的「懷才不遇」的感歎，純屬無病呻吟。他們沒有真才實學，還總期望得到高的職位和薪水，他們之所以不受重用是因爲無能，而不是別人嫉妒和排擠。

但無論是哪種人，都不應該有懷才不遇的想法。因爲一旦抱有這種想法，你的心態就會失衡，這樣在工作中是很難求得進步的。此外，還會滋生很多抱怨，進而導致人際關係出現問題。

所以，即使是真的懷才不遇，也不要抱有這樣的想法，而應該積極加強和提高自身的修養，從自身找原因去改變這種現狀。抱怨不僅解決不了問題，還會把別人的同情都消磨掉。

所以，當你產生懷才不遇的想法時，學學曾國藩，學著從自身入手去改變讓你慫悶的現狀。

先客觀評估一下自己的能力，看是不是自己把自己高估了。同時，最好聽聽身邊朋友、同事對自己的評價，這樣能夠做到更客觀一些，也更有助於你做出準確的判斷。無論朋友、同事對你的評價是高還是低，你都要虛心地接受。

然後，從自身入手，尋找難以施展能力的原因：是一時沒有恰當的機會？是大環境的限制？還是人爲的阻礙？如果是機會的問題，那應該在繼續等待的同時，做好積極的準備；如果是大環境的緣故，那就要積極地去適應，如果實在適應不了，可以考慮換個環境；如果是人爲因素，那就要誠懇地溝通，看有沒有得罪人的地方，如果有就想辦法疏通。去營造更和諧的人際關係，不要成爲別人躲避的對象，用你的才幹協助其他的同事。但要記住，幫助了別人切不可居功，否則會起到反作用。謙虛客氣，廣結善緣，這將爲你帶來意想不到的助力！

請繼續強化自己的才幹，等到時機成熟時，你的才幹會爲你帶來耀眼的光芒！

# 5 做事情、看問題要有大局觀

史書稱讚曾國藩「持大體，規全域」。曾國藩自己也說：「論事，宜從大處分清界限，不宜從小處剖析微茫。」意思就是說，研討事情，要從大處分清界限，而不適宜從小處剖析細微。

「大局」本來是圍棋術語。圍棋有很多所謂的「定式」，是說如果就局部來看，雙方都按照一定的方法應對，就可以得到大家都能接受的結果。這裡的前提是「就局部來看」，如果在選用定式的時候沒有大局觀，後果可能會適得其反。一局好棋的產生固然可以看成是許多局部成功的積累，但這些「成功」的局部都要根據全域的需要行事，有時甚至需要犧牲局部利益。這不僅僅是圍棋技巧，也是一種科學的思考方法。古人說「不謀萬世者無以謀一時；不謀萬里者無以謀一隅」，這裡所說的「萬世」、「萬事」就是「大局」，而「一時」、「一隅」則是局部，要謀好「一時」、「一隅」，非謀「萬世」、「萬里」不可，這就是「大局觀」。

曾國藩的大局觀首先體現在他對問題深遠的考慮，這是大局觀產生的前提。

曾國藩是一個考慮問題很周密深遠的人。他家鄉的地方官朱知縣與當地鄉紳關係甚密，與曾國藩家也有密切來往。後來，當地的財政出現了赤字，一些鄉紳擔心朱知縣會因此而被調離或降職，從而損害鄉紳群體的利益，情急之時就口出豪言，想倡議全縣人民捐錢彌補虧空，以便留住這位忠正的父母官。曾國藩的弟弟向曾國藩徵求意見，詢問該不該支持這種行為。

曾國藩認為，發出這樣的倡議，不過是鄉紳的小把戲。他們冠冕堂皇地提出來，似乎是為百姓做了件大好事，然而，一旦付諸行動，出錢財的事必定會分攤到百姓頭上。鄉紳出不出錢、出多少錢，誰知道呢？而且，在徵收銀兩的時候，又必然會有惡官酷吏假公濟私、巧取豪奪、敲詐勒索百姓的血汗錢。更可怕的是，此事一旦實施，以後必然會一而再、再而三地被官府推用，這豈不是要把勞苦百姓推入深淵之中？

曾國藩認為，官職的補缺、官員的調遣都有特別規定，偶有例外，也是偶一為之，因此，虧空補上也無助於官吏去留。這顯然是有人借機巧立名目、謀取名利而已。曾國藩對此洞若觀火，因此，他讓家人持旁觀態度，靜觀其變。

曾國藩在數十年的從政生涯中，遇事總是深謀遠慮，巧妙周旋。正因為這樣，他才能靜觀大局，使自己的每一步都按照事先的規劃邁出。

一八六〇年四月，清軍江南大營的潰敗給曾國藩帶來了絕好的機會。擁有重兵七萬餘人的江南大營，集中了清廷正規軍中最精銳的力量。但是，就是這樣一支精銳部隊，在和太平軍經過了九晝夜的激戰後被擊潰。江南大營的潰敗為湘軍的發展帶來了轉機。不久，清政府即下旨令曾國藩署理兩江總督，曾國藩從此名副其實地走上了一線戰場。

但是在走出這一步之前，確切地說，是得到這個機會之前的日子裡，曾國藩始終在密切地關注著大局，關注清王朝的命運以及朝廷內的變故，並為此做著精心的準備。

做大事的人，必須有長遠的眼光和深遠的思慮，還要能及時認清形勢、把握大局，才能及時抓住機會，規避風險，在別人沒有發現機會的地方發現有利於自己成功的機會，在別人沒有發現風險的地方及時做好準備。

要知道，世界上的每件事情之間，都是有一定聯繫的，沒有一件事是與其他任何事物完全無關的。要解決某個難題，最好從與之相關聯的其他重點入手，而不能把所有的注意力都專注在一個困難點上。

事物不是孤立存在著的，這個世界就是一張關係網，萬事萬物總是非此即彼地互相關聯著。因此，我們看問題，不能單方面地從一個角度切入，死鑽牛角尖，而要用宏觀的眼光去觀察，這樣才能更清晰地看到解決問題的途徑。

# 6 做大事必須要有良好的品性

每一個人的心裡大概都有流芳百世的願望，但在歲月的打磨之下，絕大多數人終將湮沒在歷史的長河中，只有極少一部分人才能名垂千古，至今爲人們津津樂道。這些人都有一個共同的特點，那就是生前立德。我們之所以這麼長久地懷念、尊崇他們，就是因爲他們的德行感染了一代又一代人。他們一生的所作所爲，都是在積累功德，而這些公德就是他們青史留名的保證。

曾國藩有著強烈的民族使命感和憂患意識。為了拯救積貧積弱的舊中國，他一再發出派遣留學生的倡議，主張學習西方科學技術，這在當時的統治者眼中無異於「洪水猛獸」，他自然也承受了巨大的壓力和排擠，甚至是打擊。但他不顧個人成敗得失和性命安危，力排眾議，堅持己見，並親自參與其中。這需要極大的政治勇氣，而這種勇氣就源於他對「治國平天下」始終有著強烈追求的理想人格。這種以天下為己任的精神，也成為曾氏家教思想的重要內容。

曾國藩說：「自古聖賢豪傑、文人才士，其治事不同，而其豁達光明之胸，大略相同。吾輩既辦軍務，係處功利場中，宜刻刻勤勞，如農之力穡，如賈之趨利，如篙工之上灘，早作夜思，以求有濟。而治事之外，卻須有沖融氣象，二者並進，則勤勞而以恬淡出之，最有意味。寫字時心稍定，便覺安恬些，可知平日不能耐，不能靜，所以致病也。寫字可以驗精力之注否，以後即以此養心。萬事付之空寂，此心轉覺安定，可知往時只在得失場中過日子，何嘗能稍自立志哉。」

成大事者都非常注意品德的錘煉，以此築牢成功的基石。司馬光在《資治通鑒》裡分析智伯無德而亡時寫道：「才德全盡謂之聖人，才德兼亡謂之愚人，德勝才謂之君子，才勝德謂之小人。」他提出的選擇人才標準是：「苟不能得聖人君子，與其得小人，不若得愚人。」既然不能得到德才兼備的聖人，那就寧可用德才皆無的愚人，也不用有才無德的小人。

儒家認爲，人在稟受天地之氣的同時，也稟受了道德，所以，人的道德也是天地所賦予的。在古代儒家看來，雖然道德來源於自然，卻不會自動地在自己身上開花結果。人必須經過後天的努力，才能使自己成爲道德完善的人。

道德素質是一個人所具有的品德的統稱，道德素質的核心問題是個人與他人、社會、集體的關係問題。一個人對他人、對社會、對集體的關心程度和獻身精神，體現了其道德素質的高低。

我們可以從以下幾個方面加強道德素質的訓練。

**・奉獻精神**

就是爲他人、爲社會做好事的精神，是「爲人民服務」精神的崇高體現。在人的道德素質中，最核心的一點就是要能有一種「無私」的精神。從根本上來說，道德就是要對他人做奉獻。從道德評價來說，獻身精神的大小，是判斷一個人道德水準高低的重要尺度。這種奉獻精神的最高體現，就是不自私自利，全心全意地爲他人和社會無私貢獻的精神。

**・群體意識**

群體意識是指在一個共同體中生活的人所應有的維護共同體生存和發展的意識。群體意識要求人們在道德生活中不要因個人的私利而損害群體的利益，要發揚協作的精神，自覺地維護群體利益。群體意識是一個人道德素質的重要方面，是一個人一生都要不斷地加以發展和提高的。

**・責任觀念**

責任觀念是一個人對自己所應履行義務的一種強烈的責任心。責任觀念的大小和有無，是直接影響和決定一個人事業成敗的關鍵。同樣，一個民族、一個國家有了強烈的責任觀念，就一定會成爲一個朝氣蓬勃、奮發有爲的民族。

**・愛人思想**

愛人思想是指在人與人相處中要自覺地關心、愛護和幫助他人。在人與人的相處中，只有對他人多一些愛心、關懷和幫助，才能形成真正的理解和信任。人在社會生活中總是會遇到各種困難、挫折、逆境、痛苦和不幸，迫切希望得到來自他人和社會的幫助，能夠多爲他人著想的人，就是道德高尚的人。

**・誠信原則**

就是以「誠實守信」作爲個人立身處世的根本原則。一個人的言行失去了「誠信」，也就失去了做人的基本條件。「誠」絕不僅僅只是做人做事的方法和態度，它更是一個人道德素質得以體現的重要方面。一個人一生如果能堅守一個「誠」字，就必然能成爲一個有道德的人。「信」就是指凡是自己承諾的事，一定要使其實現。誠實守信作爲一項極其重要的道德品質，有利於抵禦市場經濟環境下的各種虛假欺詐行爲，有利於淨化社會的道德氛圍。積極培養人們誠實守信的道德素質，能夠在人和人之間建立起相互信任的良性關係。

# 第二章

## 內省說——擺正自己的位置，正確地對待他人

曾國藩語錄：

人貴有自知之明。一個人只有清楚地瞭解自己，清醒地認識自己，才能看清自己的不足，然後去改變、完善自己，讓自己變得越來越強大。

# 1 認識你自己

「知人者智，自知者明」。出自老子《道德經》，意思是「瞭解自己的情況，對自己有正確的估計」。其中，智，是自我之智；明，是心靈之明。你瞭解別人，你就是有智慧的；你瞭解自己，你就是高明的。

曾國藩長於戰略規劃及組織建設，具體的業務層面不是他的長處。他對自己的長處和短處頗有自知之明，所以對部屬充分授權，放手使用而不包辦。這樣，部屬既有成長空間，又有事業成就感，所以都很樂意為他效勞。

湘軍總攻太平天國首都南京前夕，曾國藩在前線指揮部視查。按常理，作為統帥怎麼都要在總攻前夕表現一番，但曾國藩沒有這樣做。午夜時，他執意要回後方。部屬請求他坐鎮指揮，曾國藩說：「帶兵打仗不是我的強項，我留在指揮部肯定會干擾你們的指揮，那樣就容易打敗仗。」

曾國藩本是個文人，並不懂什麼行軍打仗的事，他直接指揮過幾次戰役：靖港之役、湖口之戰、祁門之戰，每次都是大敗虧輸。尤其是湖口之戰，他差點被逼跳湖自盡，幸好身邊的衛兵及時拉住了他。他由此認清了自己在指揮作戰方面的不足，此後，他一直致力於調度將領，從不插手具體的作戰指揮。

曾國藩前後任用的將領有左宗棠、李鴻章、李續賓、李元度、曾國荃、胡林翼等人，這些人都是鼎鼎大名的戰將。

曾國藩認為，做人不僅要看到自己的長處，更要看到自己的短處，而且要勇於向別人承認自己的短處。他給曾國荃的信中寫道：「弟謂余用人往往德有餘而才不足，誠不免此弊，以後當留心懲改。」曾國藩始終不放鬆對自己的反省，常常以一種自責的心態來要求自己，體現出了他嚴格的自律精神。

認識到了自己的不足，就要著手去改變、去完善。

曾國藩的做法是從一開始就注意結交名家，向名家多學習，讓自己向他們看齊。他比較推崇的名家有兩位，都是當時的理學重要代表人物。一位是大理寺卿唐鑒，曾國藩結識他以後，經常向他請教，並寫信告訴友人說：「我最初治學，不知根本，自從認識了唐鑒先生，才算從他那裡學到了一點學問。」「聽了唐先生的話，我就像瞎子見了光明一樣。」

另一位是著名理學家倭仁。倭仁每天從早到晚的言行飲食，都有札記。凡是自己的思想行為有不合乎義理的地方，都要記下來，以期自我糾正。曾國藩還效仿倭仁：每天將自己的想法和行為都記下來，以便隨時反省自己；他還為自己規定了十二門課程，每天照著執行；定期將所寫筆記送交倭仁批閱。

另外，曾國藩還與當時的一些京師名流學者結識，學習他們的長處。如，何紹基擅長書法詩詞，令曾國藩一生都很重視寫字和作詩；吳嘉賓學有專長，告訴曾國藩治學應專攻一門。曾國藩非常佩服，寫信給幾位弟弟說：「讀經要專守一經，讀史則專熟一代……諸子百家，但當讀一人專集，不應東翻西閱。一集還沒有讀完，就不換讀他集。」

在這些人的影響和自己的努力學習下，曾國藩無論是性格還是行事方面都有了很大的提高，逐漸養成了沉穩凝重的個性，不論遇到什麼事都能夠從容不迫，應對自如。

可見，一個人只有深入地瞭解自我，才能有正確判斷其他事物的基礎。所以說，深刻地認識自己是進步與修身的基石。那麼，「智」與「明」二者，哪個又更高一籌呢？智者，知人不一定知己，知外不一定知內；而明者，知己知人，內外皆明。顯然，「明」才是對世界本質的認識，具有真正的無限性和客觀全面性。欲求真知灼見，必返求於道。只有自知之人，才是真正的覺悟者。

《戰國策·齊策》中的鄒忌就很有自知之明，沒有被旁人的吹捧衝昏頭腦。他說：「妾之美我者，畏我也；客之美我者，欲有求於我也。」這裡，他把吹捧者的內心揭示無餘，自然不會被「妾」和「客」所欺騙。

《太平廣記》中記載了這樣一則故事：一位監察御史文筆不行卻愛好寫文章，別人奉承他兩句，他就拿出一部分錢財請客。監察御史的夫人勸他說：你並不擅長文筆，一定是那些同事在拿你尋開心。監察御史想了想，覺得夫人的話有道理，以後，不管別人怎麼說，他都再不肯出錢請客了。

人貴有自知之明，可怕的自我陶醉比公開的挑戰更危險。自以為是者不足，自以為明者不明。自明，然後才能明人。流星一旦在星空中炫耀自己的光亮，也就隨之結束了自己的一切。自高必危，自滿必溢。勝時就認為完美無缺，成就大就居功自傲，名聲高就目中無人。在這方面，古人有經典論述：「三人行，必有我師焉」，「知人者智，自知者明」。

自知之明與自知不明只有一字之差，卻是兩種截然不同的結果。自知不明的人往往昏昏然、飄飄然、忘乎所以，看不到問題，擺不正位置，找不準人生的支點，駕馭不好人生命運之舟。自知之明關鍵在「明」字，對自己明察秋毫、瞭若指掌，因而遇事能審時度勢，善於趨利避害，很少有挫折感，其預期值更高，人生道路也更順暢。

從另一層面上講，自知無知才求知，自知無畏才拚搏。好說己長便是短，自知己短便是長。自知度越高，求知欲越強。學然後知不足，知然後更求知。掌握的東西越多，越感到自己學識的短淺。知無止境學無涯，因此，自知之明是求知的不竭動力，求知是自知之明的昇華。自知之明通過求知改變自己的無知無識，也是使自己達到自尊自重、自律自信、自立自強人生境界的基礎。

因此，儒家認爲，能夠客觀地瞭解自己、認識自己，不看低自己，更不看高自己，發揮自己之能又不強己之難，便是一種明白、一種聰明、一種精明。

# 2 內省是淨化靈魂的保證

想讓自己變得更加強大，就要懂得不斷內省。很多研究曾國藩的學者都得出了這樣一條結論：曾國藩之所以優秀，不同於其他歷史政壇的大人物，最突出的特點就是他非常注重人格修煉，通過畢生不斷地自省來改造自己的內心世界，最終成爲「立德、立功、立言」的「三立」完人。

曾國藩被稱爲中國歷史上「最後一位理學大師」，他如饑似渴地學習知識，想盡辦法來提升自己的智慧。同時，他還發揮自己強大的內省功夫，不斷檢視自己的思想和行爲，找到不足或者不正確的地方，然後有則改之、無則加勉，不斷提升自我的道德修養。曾國藩的內省功夫之所以強大，是因爲他時時反省自己，這就使得他的內心彷彿有一位稱職的督察，時刻監督著他的一舉一動，讓他不敢越雷池一步。

曾國藩到京師的最初幾年裡，每天迎來送往的應酬特別多，這並不是因為他有多重要，而是他在借此消磨時光。

道光二十年四月，庶起士散館，曾國藩留在翰林院。「本要用功」，但「日日玩愒，不覺過了四十餘天」。此後的一段時間，除了給家裡寫信商議家眷來京之事外，「余皆怠忽，因循過日，故日日無可記錄」，每天都是送往迎來，喝酒、讀書、閑侃。所以，他早期寫的日記每天都在「檢討」，但每天都會故態復萌。

很顯然，一開始，曾國藩的自省並沒有收到很好的效果，但是他知道如果不能改掉這樣的壞習慣，他將一事無成。儘管會不斷地重犯，但他一直在堅持反省。

和同僚的交往固然可以加深瞭解、溝通，卻也會荒廢時日。道光二十二年十月的一天上午，曾國藩讀了《易經‧損卦》後，即出門拜客，在杜蘭溪家吃了中飯，隨即又到何子敬處祝賀生日，晚上又在何宅聽了昆曲，到了「初更時分」才拖著疲憊的身體回家。他當天的日記中充滿了自責，說「明知（何子敬生日）盡可不去，而心一散漫，便有世俗周旋的意思，又有姑且隨流的意思。總是立志不堅，不能斬斷葛根，截然由義，故一引便放逸了」。儘管他力求不忘「戒之」二字，但很快就又犯了。

當月的二十四、二十五兩天，京城刮起了大風，曾國藩「無事出門，如此大風，不能安坐，何浮躁至是」，「寫此冊而不日日改過，則此冊直盜名之具也。既不痛改舊習，則何必寫此冊」？

如此大風的天氣中也不能安坐家中，曾國藩的浮躁可見一斑。他也認識到了浮躁的危害，於是決心強迫自己靜坐下來讀書，卻連「白文都不能背誦，不知心忙什麼。丹黃幾十頁書，如勉強當差一樣，是何為者？平生只為不靜，斷送了幾十年光陰。立志自新以來，又已月餘，尚浮躁如此耶」。他也分析了自己為什麼如此交遊往來，無非是「好名」，「希望別人說自己好」。他知道這種病根已經很深，只有減少往來，「漸改往逐之習」。

幾天後，他聽說菜市口要斬殺一位武將，別人邀他一同看，他「欣然樂從」，雖然內心很掙扎，但也不好駁了朋友的面子，因此「徘徊良久，始歸」。他說自己「曠日荒謬至此」，雖然沒有去，但是心卻沒有靜下來，於是又去了朋友家。他不顧正在忙碌的朋友，非要東拉西扯地閒談。從朋友家出來，本來已經很晚了，但他仍不願回家，又到另一位朋友家中，三更才歸。他在日記中說自己「無事夜行，心貪嬉遊」。

參加進士同學的團拜，他也「目屢邪視」，「恥心喪盡」；赴朋友的喜筵，他「諧謔為虐，絕無閑檢」。周身為私欲所糾纏，使得他的理學功夫大減，一聽別人談論理學，便感到隔膜不入。於是，他決定一改昔日所為，「截斷根緣，誓與血戰一番」。

曾國藩為了改掉自己的壞習慣，提出了三戒：一戒吃煙，二戒妄語，三戒房闥不敬，後來都做到了。

曾國藩認為，吸煙不僅有害健康，還有害精神。他認為：精神要常有餘，做起事來才能精氣十足而不散漫。「說話太多，吃煙太多，故致困乏。」他覺得應酬過多，精神就難以集中，做起事來也會出差錯，而吸煙對此有很大影響。

此外，曾國藩還認識到，沉溺於色會妨礙事業。他曾經有「喜色」的毛病，看到朋友納了小妾就會浮想聯翩。為了日後能有所作為，他嚴格限制自己的情欲，甚至夫妻之間正常的情感交流都嚴加克制。他認為，人的私欲、情欲一旦膨脹就難以收拾，終會妨礙大事業。他始終堅決不納妾，生活作風上也嚴格自律。

當然，儘管曾國藩一意要自立，要與過去的缺點告別，然而，要改過自立何其艱難，其改過自立的過程自然十分曲折。不過，曾國藩刻苦自立的努力並沒有白費，到了道光二十三年，上述的諸多毛病都得到了有效遏止，在新的一年的日記裡，很少看到他再為上述毛病而憂心。於是，在新的一年裡，曾國藩又致力於糾正忿、欲兩大毛病。

曾國藩的成功不是偶然的，他保持一生的內省功夫是強大的助力，他在這種強大的內省中修煉了自己的內心和品德，提升了自己的人生智慧。

古人云：「吾日三省吾身。」內省歷來是儒家所提倡的道德修養方法，孔子在《論語・里仁》中說：「見賢思齊焉，見不賢而內自省也。」荀子則把「自省」和學習結合起來，作爲實現知行統一的一個環節。他說：「君子博學而日參省乎己，則知明而行無過矣。」朱熹說：「日省其身，有則改之，無則加勉。」

以上種種，無不說明內省是查漏補缺的最好方法。肯反省才會有進步，要知道「智者事事反求諸己，愚者處處外求於人」。當今極具影響力的心理學家加德納強調，內省智慧是多元智慧中一種十分重要的智慧。內省智慧強的人能自我瞭解，意識到內在情緒、意向、動機，以及自律、自知和自尊的能力，瞭解自己的優劣，科學謹慎地規劃自己的人生。

# 3 把「敬」字放在心中

我們常說，想要得到別人的尊重，就得先尊重別人。在與人交往方面，曾國藩對「敬」字的體會是：「敬」字唯「無眾寡、無小大、無敢慢」三語最爲切當。也就是說，無論對方人數多少或年齡如何，都不該輕慢，要多加禮遇，這樣做既尊重了別人，同時也體現了個人修養的層次。

曾國藩特別強調在待人接物方面要有嚴肅認真的態度，不可以輕慢。

道光二十二年二月十一日，曾國藩在日記中寫到自己的不敬言行，提醒改正：「友人納姬，欲強之見，狎褻大不敬。在岱雲處，言太諧戲。」第二年，他記載在酒席中，因為自己太過放肆而自取其辱的尷尬，自己反思道：「席間，因謔言太多，為人所辱，是自取也。人能充無受爾辱之實，無所往而不為義也，尚不知戒乎！」

除了自身修養的要求外，曾國藩還很重視在家庭中培養「敬」。他在咸豐四年七月二十一夜給弟弟們的信中寫道：「家中兄弟子任，總宜以勤敬二字為法，一家能勤能敬，雖亂世亦有興旺氣象；一身能勤能敬，雖愚人亦有賢知風味。」他認為，家人之間互相敬重、互相敬愛，走上社會後才能懂得尊重他人，才能處理好和別人的關係。同時，「勤、敬」門風也會贏得族人、鄰里的尊重。

曾國藩不斷督促弟弟、子侄們認真踐行「敬」的原則，還對自己的兒子提出了明確的要求：「吾有志學為聖賢，少時欠居敬工夫，至今猶不免偶有戲言戲動。爾宜舉止端莊，言不妄發，則入德之基也。」意思是告誡兒子：不但要舉止端莊、說話謹慎，還要嚴格要求自己，有讓人尊重的資本，別人才會尊敬你。

在曾國藩看來，在做事方面也應該具備敬畏之心。咸豐八年九月，他在給自己的手下大將鮑超的信中曾談到以敬做事的重要性：「足下數年以來，水陸數百戰，國家酬獎之典，亦可謂至優極渥。指日榮晉提軍，勳位並隆，務宜敬以持躬，恕以待人。敬則小心翼翼，事無巨細皆不敢忽；恕則凡事留餘地以處人，功不獨居，過不推諉。常常記此二字，則長履大任，福祚無量矣。」

「尊重」絕不僅僅只是社交場合的禮貌，而是來自於內心深處對另一個生命深切的理解、關愛、體諒與敬重，最純粹，最質樸，也最值得回報。因爲一言不慎，或者一個不恰當的舉止，引起別人的反感，乃至惡語相向的事情很多，這就是沒有「敬人」引起的。你沒有尊重對方，戲謔對方，對方自然不會敬重你，最後的結果就是自取其辱。

在現代社會，敬業仍然是一個人成功的必備要素。只有把「敬」字放在心中，才能集中精力、全力以赴地去做事。「敬」並不僅僅是表面上的嚴肅認真，而應該是發自內心的一種對別人的「禮」，這種禮包括了對生命的尊重，對對方人格的尊重。

# 4 戒多言：雄辯是銀，傾聽是金

很多時候，話說得越多，錯誤和漏洞就會越多。在我們身邊，經常會有一些人，特別喜歡侃侃而談，無論什麼話題都要插上幾句，好像生怕別人不知道他們博古通今似的。這樣的人，自以爲自己的「博學」會贏得別人的尊敬，其實，只要有點社會閱歷的人，都會對此不以爲然。古希臘有一句諺語：「聰明的人，根據經驗說話；而更聰明的人，根據經驗不說話。」西方還有一句著名的諺語：「雄辯是銀，傾聽是金。」

《朱子家訓》有言：「居家戒爭訟，訟則終凶；處世戒多言，言多必失。」意思是說：居家過日子，不要爭鬥訴訟，一旦產生爭鬥，無論勝敗，結果都不吉祥；處世不可多說話，話說多了難免有疏漏。《曾國藩家書》中說：「觀人之法：以有操守而無官氣、多條理而少大言爲主。」滿口大道理的人，不一定是親身證得的。一個人做事要有頭腦，少說多做，而不是誇誇其談。

認識來源於實踐，這是至真的道理。多言，被曾國藩列為三戒之一。這是因為曾國藩年輕時也是個多嘴多舌的人，經常因為言語刻薄而得罪人。有幾次，他在席上取笑別人，反倒被別人抓住語病一通譏諷，讓他很是尷尬。還有一次上早朝時，他隨口說了幾句氣話，說者無心聽者有意，引起了同僚們的猜忌，結果搞得大家都疏遠他，讓他很孤立，也很狼狽。經歷過多次類似的情況後，他決心戒除自己多言的毛病。

道光二十二年十一月七日，曾國藩決定從謹言著手，加強修養。他說：「除謹言靜坐，無下手處。」可是，習慣一旦養成，想要戒除沒那麼容易。第三天，好友馮卓懷來訪，他們一同到陳源兗家為其母拜壽。席間，曾國藩和友人交談甚歡，忘記了謹言的決心，又犯了多言的毛病。據他自己說：「席間一語，使人不能答，知其不能無怨。言之不慎，尤悔叢集，可不戒哉！」事後，他感到非常後悔，同時也對自己憤恨不已。他在日記中寫道：「凡往日遊戲隨和之處，不能遽立崖岸，唯當往還漸稀，相見必敬，漸改征逐之習；平日辯論誇誕之人，不能遽變聾啞，唯當談話漸低卑，開口必誠，力去狂妄之習。此二習痼弊於吾心已深。前日云，除謹言靜坐，無下手處，今忘之耶？以後戒多言如戒吃煙。並求不棄我者，時時以此相責。」

孔子曰：「君子訥於言而敏於行。」「訥」，是指言語遲鈍，結結巴巴，不善表達；「敏於行」則正好相反，「敏」是敏捷，手腳勤快，反應迅速。意思就是告訴人們，要謹慎地想問題、辦事情，要善於把思想化爲行動，切忌空想、說空話，或說了、想了，卻又不去行動。聰明人知道「病從口入，禍從口出」的道理，所以，他們在說話前會深思熟慮，以免流於胡言亂語而招惹是非；而與之相反的是，聰明人做事從來不會拖泥帶水，行起事來往往雷厲風行。

曾國藩謹言的效果是顯著的，他多言的毛病也確實改掉了。他從中認識到了慎言給自己帶來的好處，不但自己這樣做，還告誡身邊的人也要慎言。

曾國藩經常告誡兄弟和手下要戒多言。曾國華為人剛烈，說話苛刻，曾國藩特地給他取字為溫甫，讓他說話溫和些，少得罪人。後來，曾國華性情果然大為改觀。

曾國華戰死後，曾國荃成了曾國藩的左膀右臂。一開始，曾國荃不懂得官場規矩，總是多嘴多舌、言出無狀。曾國藩得知後，接連數次給他寫信，甚至當面加以責備。咸豐十年九月，對於是否北上援解北京之圍一事，曾國藩一直以「緩」

字應付。而曾國荃不明其中道理，說了很多主張北上攻擊太平軍的話。曾國藩斥責道：「弟只管安慶戰守事宜，外間之事，不可放言高論，毫無忌憚。」經過幾番苛責，曾國荃收斂了很多，曾國藩對此很是高興，在給兩個兄弟的信中說：「沅弟以我切責之緘，痛自引咎，懼蹈危機而思自進於謹言謹行之路，能如是，是弟終身載福之道，而吾家之幸也。」

曾國藩對幕僚和部下也以謹言相要求。他在給葉光嶽的批牘中教導說：「第一說話要謹慎，不可隨口編湊謊話。」吳汝綸是桐城派古文家，一八六六年入曾國藩門下，與黎庶昌、張裕釗、薛福成並稱「四大弟子」。他剛入曾門，曾國藩就告誡他要謹言。吳汝綸在日記中寫道：「《三代世表序》中『蓋其慎也』，『慎』為立言至要之義。余初見曾文正公，公告以立言宜慎，因自舉其箴戒之詢，有云：『慎爾毀譽，神人共鑒。』《史記》全部皆以慎為主，班氏亦能守其遺法，後之史書所以為穢者，由其不能慎也。」

言多必失，這是亙古不變的真理，古人尚且對此有如此深刻的認識，在交流管道多樣化的今天，我們更應該多加注意。現代社會中，言論雖然較之古時有較多自由，但謹言依然是不可忽視的。

在不斷修煉中，曾國藩總結出了多言的害處：

**・多言生厭**

話太多了容易讓人討厭，有事沒事總在不停地說，好像自己什麼都懂，別人都是傻瓜一樣。

**・多言招禍**

俗話說「禍從口出」，說得多了，難免會將不該說的、不能說的話都說出來，或者主觀臆斷，說出的話就好像挑撥離間一樣。

**・多言致敗**

所謂「守口如瓶」，一個多言的人往往是缺乏警惕性、沒有保密意識的人，不知道什麼該說，什麼不能說，全圖一時口舌之快，這樣會給自己埋下失敗的伏筆。

**・多言無益**

話多了傷氣，說話太多，對身體沒有好處。

由此可見，多言實在是沒有什麼好處。所以，與其多言，不如多行。我們常說「少說多做」，實幹才能出成效，誇誇其談永遠不可能創造出成績。

# 5 戒驕氣：可以有傲骨，不能有傲氣

孔子曾說：「君子泰而不驕，小人驕而不泰。」傲慢會使人自以爲是，使人處理不好周圍的關係，使自己陷入孤家寡人的境地。因此，無論是什麼時候，做人謙虛謹慎，戒驕戒躁永遠都是一個不敗的法寶。

曾國藩不僅自己「謙遜」，還常常以此來告誡、約束部下。手下大將鮑超有一次因功晉職時，曾國藩告誡說：「閣下當威望極隆之際，沐朝廷稠疊之恩，務當小心謹慎，謙而又謙，方是載福之道。前次曾以『花未全開月未圓』七字相勸，務望牢記在心。」他還經常以「謙遜」二字教導鮑超說：「觀古今以來成大功享全名者，非必才蓋一世。大抵能下人，斯能上人；能忍人，斯能勝人。若徑情一往，則所向動成荊棘，何能有濟於事？來示所謂盡心竭力，做得一分算一分，此是安心妙法。」又說：「勤而不自言其勞，廉而不覺其介，謙而出之以真樸之氣，乃不犯人之忌，亦即保身之道。」「臬署專以刑幕為重，公事煩瑣，不如專心論兵。閱歷較實，名望亦隆。文移體制，外任與京秩不同，自宜以謙。」

此外，曾國藩晚年在總結為人之道時，把「傲慢」與「多言」視為官場致禍之由，認為為官傲慢，輕則導致自己的官位不保，重則給自己帶來殺身之禍。因此，他一再要求為官必須戒傲，只有這樣，才能保全自己。

咸豐十年九月二十三日曾國藩寫給弟弟曾國荃的信中說道：「弟軍中諸將有驕氣否？弟日內默省，傲氣少平得幾分否？天下古今之庸人，皆以一惰字致敗；天下古今之才人，皆以一傲字致敗。吾因軍事而推之，凡事皆然，願與交勉之。」

寫這封信的背景是：他的弟弟曾國潢和曾國荃時常有驕傲的姿態，特別是曾國荃，他在為朝廷建立功勳之後，越來越目中無人。這樣的做人態度讓曾國藩十分擔心，所以他多次借由書信訓勉告誡曾國荃，期望他能有所省悟改進。

關於懶惰、驕傲的告誡，在曾國藩的整部家書中俯拾即是。曾國藩曾說：「吾人為學最要虛心。嘗見朋友中有美材者，往往恃才傲物，動謂人不如己……傲氣既長，終不進功，所以潦倒一生而無寸進也。」又說：「京師子弟之壞，未有不由於『驕』、『奢』二字者。」更多的則是自我檢討：「余在軍多年，豈無一節可取？只因傲之一字，百無一成。」

我國著名畫家徐悲鴻先生的座右銘是「人不可有傲氣，但不可無傲骨」。「傲氣」和「傲骨」雖只是一字之差，實際上卻相去千萬里。

傲骨，是不動聲色、「人不可貌相，海不可斗量」的真實寫照；傲氣，則是嘩眾取寵、盛氣凌人的絕妙表演，是「不可一世、趾高氣揚」的最好注釋。傲氣是心浮氣躁的表現，而傲骨則是人品頑強堅毅的反映。

如果說傲骨是一種氣質、風度、人格、素養、知識和道德綜合後的存在，是人格的至高境界，那麼傲氣就是一種淺薄、庸俗、偏狹、夜郎自大的心態，是人性中極爲低劣的惡習。而謙遜並非自我貶低、自我否定，而是一種不顯山不露水的自我肯定。只有那些膚淺而又短視的人，才喜歡在大家面前粉飾、吹噓自己。他們總是陶醉在自我營造的一種淺薄、自命不凡的感覺中，這樣的人即使得勢，也不會長久。

「介子推傲骨拒晉公」、「張良傲骨歸山隱」傳爲美談；「項羽傲氣失江山」、「羅成傲氣命不長」讓人惋惜。人應該有傲骨，而不應該有傲氣，因傲而致敗的例子不勝枚舉，很多事情都壞在「傲氣」上。

# 6 積攢獨立自主的本錢

在人生的關鍵時刻，誰都想能有一副結實的肩膀，可以讓自己稍作喘息，調整心情迎接下一個挑戰。但現實卻很殘酷，越是在關鍵的進退之際，越不能輕信別人，而要把機會和主動權操控在自己手中。這個時候，唯一靠得住的人只有自己，此時絕不能有絲毫的自卑和膽怯，要勇敢地將平時積蓄的能量釋放出來，爲自己的未來搏一下。

曾國藩在一八六二年九月十三日寫的《致沅弟季弟》信中說：

都將軍派四個營的兵來助守，自然可喜，但也未必靠得住。凡在危急時刻，只有自己靠得住，別人都不可靠。靠別人防守，恐怕臨戰時會先亂；靠別人戰鬥，恐怕會猛進而速退。幸虧這四個營人數不多，或許不至擾亂弟弟你那裡的全域。否則，這部分軍隊另有一種風氣、一種號令，恐怕不僅無益，反而有害。弟弟要謹慎使用這支隊伍。去年春天，弟弟沒要陳大富一軍，又不留成大吉一軍，我很喜歡弟弟的見識。

他在另外一些信中還說：總之，危急之際，不要靠別人，專靠自己，才是穩招。

曾國藩之所以有如此感慨，源自一次慘痛的經歷。

一八六二年五月，曾國荃率軍在南京雨花臺紮營後，就和心腹大將李臣典、蕭孚泗、劉連捷、朱洪章等人在太平軍叛將韋俊的帶領下，觀察地形。南京城城高池深，以他部下區區兩萬人馬想要攻下來，實屬異想天開。因此，他不敢輕舉妄動。更令人擔憂的是，如果城內太平軍和外省的李秀成部聯合起來，將對自己形成合圍之勢。所以，他一面督促軍士在雨花臺修築工事，做長期戰爭的準備，一面派人送信，催促各路人馬儘快趕來增援。

很多天過去了，曾國荃沒有等到一支人馬，先是李續宜的北路軍由鎮江剛要出師，就接到了自己父親去世的消息，於是急忙回家奔喪；他的部將唐訓方駐紮在皖北，聞訊南援，結果被太平軍擋在了壽州；鮑超由寧國北進，遭遇太平軍的楊輔清等部，雙方展開了血戰，也很難到達南京。此時，能夠指望的援軍只有多隆阿一路。

曾國藩接到雨花臺送來的加急求救文書後，急速命令多隆阿迅速南下。多隆阿接信後，原本準備立即出發，後來卻按兵不動，拒絕奔赴南京。曾國藩知道軍情緊急，就再三懇請多隆阿前去支援，但是多隆阿絲毫不為所動。恰在這時，有一股四川農民起義軍進入陝西，多隆阿的部將雷正綰已經開進陝西去阻擊。多隆阿與湖廣總督官文密約，上奏朝廷請令自己率軍入陝，借此機會不赴南京去支援曾國荃，朝廷居然准奏了。

曾國藩得知多隆阿西進陝西後，非常驚慌，急忙派人飛馬送信給官文。他在信中說：「聞入秦之賊人數不滿三千，有雷正綰一軍以足敵，而江南賊數之多比秦何止百倍，仍請將去之不遠的多隆阿追回。」然而，官文向來和曾氏兄弟不和，這次樂得看湘軍的笑話，根本不理會曾國藩的來信，最終使曾國荃之師成了孤軍。

這件事情給了曾國藩很深刻的教訓，他更加堅定了「危急之時要靠自己」的道理。他知道，要想真正闖過難關，只有靠自己挺住。於是，他決定不再坐等別人的幫助，自己先行動起來，主動出擊。

於是，曾國藩組織隊伍訓練，加強思想建設，看到內湖水師缺乏得力的統領，幾位營官也都是平平之才，他便讓李元度兼轄水師事。他不斷給李元度寫信，教他如何帶兵、如何列陣打仗。此外，他還花了幾天時間，寫出了一首《陸軍得勝歌》，歌中講到了湘軍陸師紮營、作戰、行軍、法紀、裝備和訓練等內容。

另一方面，曾國藩也密切關注戰事。不久，他就發現，太平軍從江西戰場上大量撤出，一開始他還感到迷惑不解，但很快他就收到了南京城內太平天國內部政變的消息。曾國藩終於躲過了危機。

太平天國內部政變只是加速了事情向好的方向轉變，並不是決定性因素，曾國藩的自救才是最得力的措施。我們可以假設南京城內沒有發生政變，那麼若真的打起仗來，曾國藩的自救就能派上用場。求救是被動的，還可能白等一場；自救是最管用的，無論什麼時候，自救都能夠讓自己掌握主動權。

危機隨時會有，所以才要居安思危。而居安思危不是光想，還要有實際的行動。如何行動？首先要有信心，其次要冷靜鎮定，最後要拿出得力的措施來，防患於未然。因此，我們需要平時多加強鍛煉和學習，提升自己的應變能力，不斷積蓄自己的實力。唯有如此，在危急時刻，才能靠自己闖過難關，而不用看別人的臉色。

# 第三章

## 愚鈍說——大智若愚，低調做人

曾國藩語錄：

低調做人，是非常務實、通權達變的生存智慧。它是戰術，也是一種韜光養晦、尋求生存的大謀略，更是立身於社會，圓潤通達不可不知的方法和技巧。

# 1 深藏不露，是對自己最好的保護

梁啓超先生說曾國藩「有超群軼倫之天才，在當時諸賢傑中，稱最鈍拙」。曾國藩自己也說：「自以秉質愚柔，捨困勉二字，別無他處。」又說：「吾乎生短於才，愛者或以德器相許，實則雖曾任艱巨，自問僅一愚人，幸不以私智詭譎鑿其愚，尚可告後昆耳。」一個位極人臣、被人稱為「聖人」和「完人」的人，難道果真是愚鈍的嗎？顯然不是，這不過是曾國藩智慧的處世之道罷了。

曾國藩不僅不愚鈍，還可被稱爲「才高八斗」。他的「愚鈍說」其實是一種收斂，一種蓄志，一種大智若愚。洪應明的《菜根譚》中有句話叫「矜名不若逃名趣」。這句話的意思就是說：一個人喜歡誇耀自己的名聲，倒不如避諱自己的名聲顯得更高明。

年少的曾國藩就有很好的涵養，他不會像別的孩子那樣一語不和就大動干戈、拳腳相向，他表現出了少年人難得的忍讓和穩重。他時常以《中庸》中的「聖者無名，大者無形。鷹立如睡，虎行似病」來訓誡自己，讓自己時時保持低調，即使具備鷹的凌厲、虎的勇猛，也不輕易外露，更不以自己的學識和家世欺人。

他有一位同學性情比較暴躁。有一次，那個同學看到曾國藩的書桌放在窗前，就說：「我讀書的光線都是從窗戶那裡進來的，你的桌子擋住了我的光線，趕快挪開！」曾國藩什麼話也沒說，就把桌子移開了。曾國藩晚上點燈用功讀書，那個同學又說：「平常不念書，夜深還要聒噪人嗎？」曾國藩又只好低聲默誦。

後來，曾國藩中了舉人，那個同學知道了，大怒道：「這屋子的風水本來是我的，反叫你奪去了！」其他的同學都替曾國藩打抱不平，但曾國藩自己卻和顏悅色，毫不在意，跟沒事人一樣。

曾國藩的一生都保持著如此低調的態度，最終卻得到了高人一等的結果。低調對待他人的敵意，並不是膽小怕事、懦弱、不顧自己的尊嚴和原則，而是一種自我保護，避免自己捲入更大的災禍中。事實上，只要不是原則性和危及生命的傷害，就沒必要和人一爭短長；只要對方的攻擊能夠被自己控制在一定的範圍內，就沒必要大動干戈。你的低調會讓對方的重拳如同擊在棉花上一般，沒有著力點，自然也就不會對你造成什麼傷害了。

荀攸是曹操的重要謀士，智慧過人，為曹氏統一北方、建立功業做出了重要的貢獻。他為官二十餘年，地位始終穩固，在政治漩渦和極其殘酷的人事傾軋中能夠立於不敗之地，原因就在於他能謹以安身，避招風雨。有一次，荀攸的姑表兄弟辛韜問及他當年為曹操謀取袁紹盤踞的冀州的情況，他極力否認了自己的謀略貢獻，說自己什麼也沒有做。

曹操如此稱讚荀攸：「公達外愚內智，外怯內勇，外弱內強，不伐善，無施勞，智可及，愚不可及，雖顏子、寧武不能過也。」荀攸與曹操相處二十年，深受寵信，也未見有人進讒言加害於他。這都是荀攸懂得收斂鋒芒、低調處世的結果。而孔融、楊修雖也有智謀，卻因不懂低調做人，鋒芒畢露，都不得善終。

如果在做事情時，過早地將自己的底牌洩露出去，就很容易受制於人。無法掌握主動的結果，就是被人牽著鼻子走。所以，聰明人都會緊緊地捂住自己的底牌，甚至故布疑陣，施出障眼法來混淆對方。

對一個有著遠大志向的人來說，當實力不足時，最要緊的是積蓄力量。所謂「明槍易躲，暗箭難防」。曾國藩身處官場，明槍和暗箭隨時都可能從任何一個方向射來。所以，從政必須學會低頭，儘量減小目標，方能更好地保護自己。

《易經》乾卦中的「潛龍在淵」，告訴我們的就是上述道理。它指出，君子要待時而動，善於保存自己，不可輕舉妄動。人類社會向來都是靠實力說話，沒有實力就沒有話語權。因此，一個人要成大事，就不能過早地暴露自己的實力，以免成爲別人的靶子。隱藏自己，積蓄力量，待羽翼豐滿了，才更容易一飛沖天，青雲直上。

老子告誡世人：「不自露，故明；不自是，故彰；不自誇，故有功；不自矜，故長。」這句話的大意是：一個人不自我表現，反而顯得與衆不同；一個不自以爲是的人，會超越衆人；一個不自誇的人，會贏得成功；一個不自負的人，會不斷進步。做人也要謹記這一點，深藏不露才是對自己最好的保護。

## 2 以退為進是真智慧

很多時候，表面上的前進並不一定就是真的前進，還可能是一種後退；同樣，表面上的後退未必就是真的後退，也可能是爲了更好地前進而做的一種準備和喘息。

曾國藩一生低姿態行事，卻取得了別人難以媲美的成就。他很懂得妥協退讓之道，總是在出現危機時，適時做出退讓，使自己得以喘息，並積極尋求解決問題的辦法和機會。這一進退之策，幫助他多次化險爲夷，並成功地實現戰略反擊。

隨著湘軍在對太平軍的作戰中連戰連捷，曾國藩以及湘軍的名氣、地位越來越高。尤其是在攻破南京城後，將士們彈冠相慶，靜等朝廷的封賞，有的人甚至口出狂言、居功自傲。但低調的曾國藩此時很清醒，他清楚地認識到了自己的處境：一方面，他確實為朝廷立下了汗馬功勞，另一方面，他也確實成了朝廷的心病，成了朝廷必須防範的人。他位高權重，擁兵幾十萬，使皇權受到了極大威脅。所以，朝廷在嘉獎的同時，也採取了排擠、壓制的策略。比如，不輕易授予曾國藩集團成員軍政實權，並派人監視其軍事行動；在軍事部署上進行壓制，朝廷把由綠營兵組成的江南、江北大營部署在攻佔天京（即南京）、獲取掃滅太平天國首功的位置，而讓湘軍去打那些疲於奔命、勞而無功的週邊戰；限制湘軍糧餉，即使是自籌糧餉，也受到朝廷的多方阻撓。

儘管有一肚子委屈，儘管手下眾人叫囂著背叛，但信奉忠誠的曾國藩沒有絲毫反意。當然，他並不願意就這樣受委屈，他也想爭口氣。於是，他採取了以曲求伸、以退為進的自全之策。

首先，他對朝廷的各種打壓、排擠都表現出了恭順的態度，沒有絲毫怨言，把所有的委屈都吞進了肚子裡，讓人看到的始終是一張笑臉，以此盡可能消除朝廷的猜忌之心。但是，朝廷對他封賞的出爾反爾，讓他意識到總是退讓也並非善策，要以退為進，開始「反攻」。

其次，他從穩定湘軍集團內部入手。由於湘軍的主要頭目幾乎都是同鄉、同窗、師生及親朋故舊，兄弟同任頭目的現象也很普遍，而各姓之間又往往以聯姻或其他方式建立起更為複雜的社會關係。這樣一來，曾國藩集團各首腦頭目之間彼此瓜連藤繞、沾親帶故，使湘軍集團形成了鐵板一塊，朝廷也不敢輕易對其下手。

再次，他大造輿論聲勢。湘軍自然不敢公開攻擊朝廷，但對朝廷所重用的頑固派官僚，他們卻肆無忌憚地予以貶抑。另外，他們開始「自我吹捧」，為自己爭取主動，即使朝廷怪罪下來，也能以「名滿天下，謗亦隨之」為藉口，巧妙地搪塞過去。

最後，他對「客寄虛懸」的處境極為不滿，必欲攬到地方實權而後快。他坐鎮湖南，讓其部眾造言「滌公未出，湘楚諸軍如嬰兒之離慈母」，絕不服從其他任何人的指揮調度。咸豐十年春，太平軍攻破清軍江南大營。胡林翼抓住時機大造輿論：「朝廷能以江南事付曾公，天下事不足平也。」他又設法利用郭嵩燾等人打通權臣肅順的關節，終於達到目的，當上了兩江總督。

古今中外的退讓，皆以勃發成功爲目的，但更明顯的共同之處是等待成熟時機的到來。時機不成熟就貿然行動，不但會使隱忍的成果毀於一旦，更會使規劃好的宏圖大業暴露於敵人的火力之下。

曾國藩經常給家人和下屬講這樣一個故事：

有一家人，一天，家中的老翁請來了一位貴客，準備留這位貴客在家吃飯。

一大清早，老翁就叫兒子到市場上去買菜。但是，時間已近中午，兒子還沒有把菜買回來，老翁很著急，就到窗口去看，只見在離家不遠的地方，在一條田埂上，兒子正挑著菜擔子與一個挑著貨擔子的人面對面地站著，互不相讓，僵持在那裡。

看到這種情況，老翁急忙出門，趕上前去婉言說道：「我家中有客，等著用餐。請你往水田裡稍避一步，待我兒子過來，你也可過去，豈不是兩便麼？」

那個人說道：「你叫我下水，怎麼他下不得呢？」

老翁說：「我兒子個子矮，要是下到水裡，擔子裡的菜就被水浸濕了；你個子高，下到水裡也碰不到水。因為這個原因，我才請你讓一下。」

那人說：「你兒子的擔子裡不過是些蔬菜果品，就是浸了水也可以將就著吃；我的擔子裡全是貴貨，萬一沾上一點水，就不值錢了。我的擔子比你兒子的擔子貴重，怎麼叫我讓路呢？」

老翁想，與其在這裡浪費時間勸告，還不如主動示弱，便說：「這麼辦吧：我下到水田裡去，你再將貨擔交付與我，我頂在頭上。請你空身從我兒旁邊過去，我再將擔子奉還。怎麼樣？」並且當即低下身子解襪脫鞋。那個人見老翁如此，反而覺得不好意思，說道：「既然你已讓步，我也沒有道理爭強，乾脆我下田吧。」

結果，與人方便，自己方便，兩不耽誤，老翁在妥協中贏得了時間。

曾國藩是想通過這個故事告訴家人和下屬：退讓，可以贏得扭轉不利形勢的機會。軍事上有「進攻就是最好的防守」的戰術思想，一味死守未必守得住，只有頂出去才能讓敵人盡可能遠離自己的陣地，使敵人有所顧忌，從而牽制敵人的進攻，達到有效防守的目的。同理，爲了達到前進的目的，有時候就要做出一定的妥協、退讓，麻痹對手，通過迂迴策略取得實際意義上的前進。

# 3 堅守自己的屈伸原則

一個人要想做成大事，不但要有明確的目標，還要有把握時機的能力，以及明確進退的明辨能力。如果光有明確的目標，但是不能把握住機會，那就只能對著目標望洋興嘆了。

爲了大目標的實現，我們需要堅守自己的原則，知道自己什麼時候該退、什麼時候該進。

當年，曾國藩努力在衡州編練水陸兩軍，打算在打造出一支訓練有素的軍隊之後，再出省作戰，去剿滅太平軍。此時水陸兩軍剛成立不久，還沒有經過嚴格的訓練，戰鬥力有限，根本無法和太平軍抗衡。

但朝廷卻等不及了，正規軍的節節敗退令朝廷不再抱有希望，轉而將希望寄託在曾國藩身上。因此，朝廷不斷發來徵調諭旨，要曾國藩出兵。曾國藩此時表現出了自己的英明果敢，他冒著被治罪的危險堅守不出。這讓咸豐皇帝十分惱火。

當曾國藩面對太平軍西征，提出四省聯防、合力圍堵的措施時，咸豐皇帝便譏諷曾國藩的想法不過是無知書生的好高騖遠和自我吹捧罷了，根本沒有能力去打敗太平軍。

面對咸豐皇帝的嘲諷和壓力，曾國藩十分為難：若聽其調遣，一段時間以來的心血及努力必將付諸東流；若不聽調遣，萬一惹怒了朝廷，則很可能引來殺身之禍。

後來，曾國藩分析形勢，知道朝廷的大患是太平軍，雖然急於鎮壓，但還需要依靠曾國藩的軍隊，不至於對他痛下殺手。因此，為了能夠最後一舉成功，曾國藩在接到諭旨後，依然拒絕出省作戰。在陳述其不能出征的諸種理由之後，曾國藩還激昂地表示：

「此次奉旨出省，徒以大局糜爛，不敢避謝，然攻剿之事，實無勝算。臣才智淺薄，唯有愚誠不敢避死而已，至於成鈍利敗，一無可恃。皇上若遽責臣以成效，則臣惶悚無地，與其將來毫無功績受大言欺君之罪，不如此時據實陳明受畏葸不前之罪。臣不嫻武事，既不能在籍終制貽譏於士林，又復以大言貽笑於天下，臣亦何顏自立於天地之間乎！中夜焦思，但有痛哭而已。伏乞聖慈垂鑒，憐臣之進退兩難，誡臣以敬慎，不遽責臣以成效。臣自當殫盡血誠，斷不敢妄自矜詡，亦不敢稍涉退縮。」

咸豐皇帝看了奏摺以後，深為曾國藩的赤膽忠心所感動，在朱批中安慰道：「成敗利鈍不可逆睹，然汝心可質天日，非獨朕知。」

曾國藩為堅持「志其大得」，不僅拒不執行咸豐皇帝的諭旨，同時也對處於危困之中的師友江忠源、吳文鎔等人的求援於不顧。雖然局勢急轉直下，但他堅持不可草率出省作戰，贏得了編練水陸兩軍的時間，為其日後一舉獨立鎮壓太平天國奠定了基礎。

有時候，退一步便可以創造更好的機會。退讓並不代表膽怯、弱小，能進能退、能屈能伸是明智的行爲。

古人形容「能屈能伸爲大丈夫」，可見大丈夫行事，理應有進有退。退的目的是什麼？是爲了更好地進攻。戰鬥打起來，就需要軍隊有韌性，沒有韌性的軍隊終究會失敗。

作戰如此，生活中爲人處世更是如此——「退」是爲了「進」，不管怎麼退，只要最終的結果是進就可以。這是自我表現的一種藝術，也就是所謂的「暫時的讓步是爲了更好地選擇」。

# 4 切忌「功高蓋主」，學會「急流勇退」

梁啓超先生曾評價曾國藩「文正深守知止知足之戒，常以急流勇退爲心」，十分中肯、精闢。

曾國藩一輩子小心謹慎、如履薄冰，才在生活和事業上取得了雙豐收。同樣，他也因爲自己的謹行慎思而在最輝煌的時候選擇了急流勇退，保全了自己的一世英名。

同治三年六月，曾國藩面臨一生中的一個重大選擇。當時，湘軍克南京，曾國藩擁兵三十萬，佔據江南半壁江山。而且，此時的曾國藩統帥江蘇、安徽、江西、浙江四省軍務，四省巡撫、提督以下文武官員皆歸曾國藩節制，堪稱清王朝開國以來權力最大的漢族官員。此時的曾國藩，已經足以「功高蓋主」了。

曾國藩的部屬幕僚均竭力勸進，因為咸豐皇帝臨死時，曾留下遺言「克復金陵者王」。但曾國藩卻沒有說什麼話，他只寫下了「倚天照海花無數，流水高山心自知」的對聯，算是作答。

曾國藩深知為官之道，他早有「急流勇退」之心。在同治三年五月的一則日記中，曾國藩的退意已經顯露無遺。當時，南京還沒有攻克，但曾國藩已感覺到了時局的變化和潛伏的危機。他說出了一番感言：「用事太久，恐人疑我兵權太重、利權太大。意欲解去兵權，引退數年，以息疑謗，故本目具招請病，以明不敢久握重柄之義。」

曾國藩明白「功高招忌」的道理，他在家丁憂之時曾研讀《道德經》，並在該書扉頁上寫了八個字：「大柔非柔，至剛無剛。」他說：「人之生也柔弱，其死也堅強；草木之生也柔脆，其死也枯槁。」他也感歎：「功名之地，自古難居。」「人又何必占天下之第一美名？」「天下無易境，天下無難境；終身有樂處，終身有憂處。」

最終，功成名就的曾國藩毅然選擇了急流勇退。他攻進南京之後，立即辦了三件事：一是建貢院，提拔江南人士；二是建造南京旗兵營房，請八旗兵南來駐防；三是裁撤數萬湘軍。同時，曾國藩在奏摺中對他個人的去留隻字不提。他深知，此時無論進退，都會引起各方猜忌。但是，他卻替他的弟弟曾國荃「專折」奏請開缺回籍養病，朝廷立即「恩准」了。曾國荃急功貪財、惡名遠揚，對這個弟弟，曾國藩最不放心。他曾對曾國荃說：「古來成大功大名者，恒有多少風波，多少災難，談何容易？願與弟兢兢業業，各懷臨深履薄之懼，以冀免於大戾。」

曾國藩還曾題詩一首，既為告誡兄弟，亦為自勉。

左列鐘銘右謗書，
人間隨處有乘除。
低頭一拜屠羊說，
萬事浮雲過太虛。

曾國藩自削兵權、自去利權、自斷羽翼，以釋清廷之疑，終於換回了信任，也換得了曾家後代的平安。

知足不爭，功成不居，不爲天下先，這是古代中庸之道的重要原則，它強調的是人的知足和甘處下風的品質。

眾所周知，劉邦能夠奪得天下，韓信的功勞是最大的。當時就有人這樣評價韓信：「功高無二，略無世出。」劉邦建漢之初，對幫助自己奪天下的功臣給予了很大的賞賜。韓信也因為功高蓋世，先被劉邦封為齊王，後被改封為楚王。對劉邦來說，韓信永遠是他的心腹之患。韓信功高蓋世，是個不容忽視的威脅。所以，項羽一死，劉邦馬上便奪了韓信的兵權；西元前二〇一年，劉邦又以謀反罪將韓信誘捕。

比起韓信，越王勾踐身邊的范蠡則要聰明得多。滅吳之後，勾踐大賞功臣，封范蠡為上將軍，但范蠡自知「以為大名之下，難以久居，且勾踐為人可與同患，難以處安」，便裝上輕寶珠玉，與家人泛舟五湖，不辭而別。後來又隱居海濱，經商致富。

范蠡引退後，致信給文種。文種和范蠡一起為勾踐打敗吳王夫差立下了赫赫功勞。信中說：「飛鳥盡，良弓藏，狡兔死，走狗烹。」但文種沒有聽。後來有人進讒言說文種要造反作亂，勾踐聽信讒言，賜給文種一把劍，說：「你當初給我出了九條對付吳國的策略，我只用三條便打敗了吳國，剩下六條在你那裡，你用這六條去地下為寡人的先王去打敗吳國的先王吧！」最後，文種自殺身亡。

同樣是功臣，卻落得不同的結局。范蠡知道功成不居，而文種卻沒有及時見好就收，結果落得被逼自殺的下場。

有些人覺得，「功成身退」的思想會使人失去積極的進取心，從而安於現狀，「當一天和尚撞一天鐘」。這是其糟粕之處。但事實上，這裡提出的「功成身退」僅是一種退守策略，是指一個人在把握住機會，獲得一定成功後，將一切名利拋開，這樣才合乎自然法則。因為無論名還是利，在達到頂峰之後，如果不保持謙虛謹慎，就容易驕傲自滿，可能走向輝煌的反面。

# 5 身處順境，更需要保持低調

也許，你會覺得盡藏鋒芒很痛苦，但你要清楚，上司提拔你可能要費點力，可打壓你卻是舉手之勞。因此，你要懂得先保護自己，收斂銳氣，待時機成熟再鋒芒畢露，一鳴驚人，減少中途夭折的危險。

很多人只看到了曾國藩位極人臣的輝煌，而忽略了這輝煌背後的種種艱辛和磨難。曾國藩在仕途上並非一帆風順，如咸豐七年被迫閒居家中，同治六年因征剿不力而被撤職，對他都是很大的打擊。但他並不氣餒，堅持靜待時機。

咸豐二年底，曾國藩奉旨以在籍侍郎的身分興辦團練，開始了新的人生道路。而他面對的卻是重重壓力，不僅要與太平天國鬥，還要同湖南的官員鬥，大有四面受敵之感。曾國藩初辦湘勇的日子很是艱難。

咸豐三年九月的一天，駐紮在長沙的綠營兵與曾國藩的練勇發生了嚴重毆鬥，曾國藩非常生氣，想殺一兩個綠營兵，壓壓他們的氣焰，便給湖南提督鮑起豹發去諮文，指名索捕鬧事的綠營兵。這一下激怒了鮑起豹，他故意大造聲勢，公開將肇事者捆送到曾國藩的公館，看他這個團練大臣怎麼辦。綠營兵見狀，氣勢洶洶地衝進曾國藩的公館，差點將曾國藩打死。狼狽不堪的曾國藩只得向湖南巡撫駱秉章求救。但駱秉章看不起曾國藩，早就對他在辦團練過程中表現出來的「非官非紳」身分不滿，所以不但不安慰他，反將肇事者放了回去。事後，謠言四起，說是曾國藩插手湖南官府的兵權才鬧出事，他是咎由自取。但曾國藩為了事業，不計較駱秉章等湖南地方官員的拆臺、掣肘，低調地與之周旋。

除了湖南的地方官員排擠，咸豐皇帝的不信任也讓曾國藩倍感壓力。有人向咸豐皇帝報告說，曾國藩一呼百應，跟隨的人很多，質疑他是否會割據一方，進而問鼎中原。咸豐皇帝聽後，「默然變色者久之」。

面對來自各方面的壓力，曾國藩的一肚子委屈只能往肚子裡咽。幕賓曾勸他將所受到的湖南地方官員掣肘之事據實上奏，他卻說：「為臣子者，不能為國家弭平大亂，反以瑣碎事來煩擾皇上，我內心十分不安。難道惹不起還躲不起嗎？三十六計，走為上計，不如到衡陽去。」他還說：「嶽州之敗、靖江之敗、湖口之敗，蓋打脫牙之時多矣，無一次不和血吞之。……唯有一字不說，咬定牙根，徐圖自強而已。」

古人說「小不忍則亂大謀」，一點都沒錯。洪秀全的失敗與他不能「忍」不無關係。革命尚未成功，已忍不住開始享樂，學著當皇帝、殺功臣，最後使自己元氣大傷，被人所滅。反觀曾國藩，兵敗、被貶、猜忌、壓抑，都沒能消磨他的鬥志，始終堅持修身養性，等待時機，東山再起。他能在凶險的官場上適應複雜的政治局勢，一步步走向輝煌的頂峰，憑藉的正是「低調」。

如果說身處逆境需要低調，那麼身處順境則更需要低調。身處逆境時，所有的困難和問題都已經擺在了面前，有明確需要克服的目標；而身處順境時，低調更像是一種涵養，也許沒有什麼擺在眼前的困難，但若其中的某個環節做得不到位，就可能引發更大的危機。

所以，身處順境時，更需要全身心戒備，因爲你不知道困難會從哪個方向來。《史記・滑稽列傳》中說：「酒極則亂，樂極則悲。萬事盡然，言不可極，極之而衰。」禍福之間是可以互相轉換的，得意到了極點，往往就是失意的開始。

明朝初年有個人叫沈萬三，是當時的「全國首富」，就連當時的首都南京城，都有一半是他修築的。朱元璋定都南京後，準備重修都城南京。可是由於連年戰亂，造成國庫空虛，皇帝沒有那麼多錢，只好向幾個大戶借錢。財大氣粗的沈萬三當仁不讓，主動表示承擔一半的開銷。

沈萬三的自我感覺特別好，得意之情溢於言表。當今皇上都得靠他接濟，這是何等榮耀！他與皇帝的工程同時開工，結果沈萬三先於皇帝完工，朱元璋對此感到很不高興。修築帝都之後，沈萬三覺得「不過癮」，又申請由自己「掏腰包」犒賞三軍。全國軍隊每人銀子一兩，總共近百萬兩。看到這種情況，朱元璋更難受了，他本來就出身貧苦，再加上心胸狹窄，終於由妒生恨，將沈萬三發配雲南，沒收億萬家產。

曾經的榮華富貴一下子變成了過眼雲煙，一貫養尊處優的沈萬三根本受不了雲南的淒涼清苦。身體上的折磨還是次要的，心理上的痛苦更讓他不能承受。自己為了大明朝出了那麼多的財力，最後卻落得這樣的下場。不出三年，沈萬三就在抑鬱中去世了。

古人的故事告誡今人，在牢記「無限風光在險峰」的同時，更不能忘記「高處不勝寒」！

曾國藩認爲，低調得講究方法。真正的智者知道，在得意時更要壓低姿態。失意的時候還好說，一旦得意，人會不自覺地膨脹，自我放大，就像一把開了刃的尖刀，好像沒有什麼困難能難倒自己，沒有什麼問題自己解決不了。殊不知，這把尖刀隨時可能傷害最親近的人，也隨時可能受到意外的打擊，折斷可能只是瞬間的事。

當今社會，人們的生活品質有了大幅度的提高，很多人開始向內斂含蓄的方向轉變，得意而不忘形逐漸成為人們處世的準則。在人生得意時，一定要在內心給自己劃一道警戒線。這體現了一個人的修養，身居高位而沉得住氣，才是胸中真正有大韜略的人。記住，矜持低調、克己奉公、不事張揚，只有懂得這些生活道理並真正做到的人，才能站得更高，走得更遠！

# 第四章

## 堅忍説——挺住，就意味著一切

曾國藩語錄：

你能吃得了大多數人吃不了的苦，你能解決掉大多數人都解決不了的問題，你就可以成就大多數人都成就不了的事業。

# 1「恒心」的三層含義

做任何事情都必須堅持，要想自己能夠成就大的作爲，就必須在「恒」字上下功夫。任何成就大事的人，都以「恒」爲最基本的做事原則。

「恒」有三層含義：第一層，就是我們常說的堅持，堅持不懈，堅持到底，從不間斷；第二層，就是只要認準了一件事，就必須全力以赴把它做好；第三層，就是漸進，不斷地積累、提高，這樣才能積少成多。

曾國藩的天賦不但談不上異稟，某些人甚至說他略顯魯鈍，而他的同僚左宗棠、李鴻章、胡林翼等人無不是人中龍鳳。曾國藩既沒有祖上的蔭庇，又沒有突出的資質，但最後卻贏得了「中興第一名臣」和「中國最後一位儒家大師」的美譽，究其原因，與他做事持之以恆的精神是分不開的。

自然，曾國藩也不是一開始就能夠做到做事有恒心的。一開始做事，他也堅持不下來，總是變來變去。他認識到，這樣下去必將一事無成，於是，他下決心改變，寫下了《有恆箴》：「自吾識字，百歷洎茲。二十有八載，則無一知。曩之所忻，閱時而鄙。故者既拋，新者旋徙。德業之不常，曰為物牽。爾之再食，曾未聞或愆。黍黍之增，久而盈斗。天君司命，敢告馬走。」

意思就是說：從我認識字以來，經歷了許多事情，到今天已經廿八年了，卻仍然沒有什麼見識。從前所喜歡的，過了一段時間就鄙棄了；舊的喜好已經拋棄了，新的喜好馬上又改變了。品德學業的努力，不能持之以恆，卻推說是外物的影響。你如果一而再、再而三地食言，不能改過，恐怕連所謂過錯都聽不到了。人應該有恒心，正如三升三升地裝糧食，久了就會裝滿一斗。上天主宰著命運，我發誓要有恒心，一言既出，駟馬難追，永不食言。

曾國藩刻苦攻讀，成績優異，被咸豐皇帝封為翰林院庶起士。對於一個農家出身的孩子來說，這已經實現了寒窗苦讀的目標，換作別人，可能不會再繼續花時間苦讀，轉而將更多的時間和精力都用在人際交往上。然而，曾國藩並沒有就此止步，他為自己制訂了十二條課程，以多病之軀，十數年如一日堅持不懈地學習理學典籍和文史精華，融會古文訓詁，進德修業，為後來出山成就一番轟轟烈烈的事業打下了堅實的基礎。

除了自立的十二條課程外，曾國藩還要求自己，凡是讀書的心得、人情的歷練、本身的修養、詩文的創作，都分別記錄下來，日積月累，就有了不小的收穫。他從道光十九年六月起開始做詩文鈔，並且開始寫日記，此後基本沒有間斷過。從咸豐十年六月起，更是一天都沒有中斷過，不管是行軍，還是生病，都沒有停止過。從這幾件事上，足可以顯現出曾國藩做事超人的、持之以恆的毅力。

勤快、勤奮是好事，但是需要長期堅持下來才能見成效。曾國藩早年有不少性格和習慣方面的缺陷，比如愛和別人爭口舌、暴躁易怒、玩物喪志，還有吸煙的惡習。習慣一旦形成，想要改掉很不容易，但曾國藩在唐鑒和倭仁兩位理學大師的指導下，開始修煉「研幾」功夫，及早地從自己的思想中發現了不好的徵兆和苗頭，並及時予以改正乃至剔除，讓自己的思想始終沿著聖賢所要求的方向發展。爲此，他每天把自己的意念和行事以楷書寫在日記上，以便隨時反省和克制。在這個過程中，他的修養、道德水準、學術水準都得到了提高。

曾國藩說：「凡人做一事，便須全副精神注在此一事，首尾不懈，不可見異思遷，做這樣想那樣，坐這山望那山。人而無恒，終身一無所成。」

# 2「緩」字的妙處

《中庸》中說：「人一能之，己百之；人十能之，己千之。果能此道矣，雖愚必明，雖柔必強。」意思是說：別人學一次就會了，我還不會，就學一百次；別人學十次就會了，我還不會，就學一千次。如果真能照這樣去做，即使再笨，也會變得聰明；即使再柔弱，也會變得堅強。

這段話說明了一個很淺顯的道理，那就是做任何事情都不能操之過急，都需要下功夫。

很多事情不是一次就能做成功的，但是做十次、百次，總有一次會成功。只要你功夫做到家，成功就必然會出現。人們常常抱怨自己的付出沒有回報，抱怨自己頭腦笨，什麼都做不好，其實，導致這些結果的真正原因往往就是自己的功夫不到家，基礎不牢固。

曾國藩一生堅守自己的理想和目標，一生追求進德修身，即使在他平步青雲的時候，也不斷加強對自己的要求，最後留下了世人稱頌的成就。試想一下，如果曾國藩位極人臣時恣意妄爲，就難免會像很多位高權重者一樣慘澹收場。

曾國藩說：「事以急敗，思因緩得。」他主張做事從長遠考慮，穩中求成。如果貪圖迅速，局部看來可能有利，對大局而言則會造成不利影響。

在同治二年十一月起至同治三年四月初五這段時間內，曾國藩數次告誡曾國荃道：「望弟不貪功之速成，但求事之穩適。」「專在『穩慎』二字上用心。」「務望老弟不求奇功，但求穩著。至囑！至囑！」其實，只過了一個多月，南京就被湘軍佔領。曾國藩在臨勝前的這些叮嚀，是針對急功貪利的曾國荃的一劑猛藥，同時也說明「穩慎」在曾國藩的戰略思想中是一以貫之的。

他稱讚蕭啟江道：「閣下一軍，向以『堅穩』二字著名。」咸豐十年正月，在湘軍進軍途中，他寫信給胡林翼說：「十一日全軍獲勝後，羅溪河實已無虞。山內一軍，其妙無窮；腦後一針，百病皆除。但此後仍當以『穩』字為主，不可過求速效。」

俗話說，「心急吃不了熱豆腐」。曾國藩用兵最反對過速，因為太快容易欠考慮，導致失誤，進而招致慘敗。而且，進軍太快，很難保證全軍都能跟上，一旦出現孤軍深入的情況，則幾乎必敗無疑。僧格林沁攻打撚軍，敗就敗在「速」字上。

撚軍最善於打運動戰，在平原上將清軍拖得筋疲力盡，各部隊被分割開來，前後相差數百里。僧格林沁率五千人馬孤軍深入，中了撚軍埋伏，全軍覆沒。所以，曾國藩一反其道，以「緩」字為主，絕不輕進。

同治七年八月，他給部下的批文中說：「仰速即堅築營壘，挖壕訂樁，以待賊來撲我，我乃緩緩起而應之，斷不宜出擊賊。」同時下令多辦米糧，以備緩急。

即使是在理財上，曾國藩也恪守著「緩」的原則。同治元年十一月，他給部下黃芳寫了一封信，信中說：「自來理財之法，未有無中生有者，虛空騰挪，豈能恃為不竭之府？浮光掠影，百弊叢生。茲欲截斷眾流，莫如腳踏實地，潔己奉公，乃正本清源之道……漸次整頓，不在過求速效。」

曾國藩還將「緩」字訣傳授給他人。一八六〇年正月，胡林翼要給朝廷上奏摺，之前將稿本送與曾國藩，曾國藩回信說：「折片各稿讀過，此次於鮑（超）之堅忍處，平平敘去，不過烘托，亦好。蓋近日各統領專看折奏中出語之輕重，以權其效力之多寡。往往正在酣戰之際，忽見一折敘事甚不如意，遂廢然不肯向前者有之。此折若不保人，或再緩數日始發，亦好。如此雨雪，似正月尚不能開大仗者。粵撚之交，不能久固，緩戰亦我之利也。」

由於擔心奏摺發出後影響將領的情緒，因此曾國藩主張緩一緩再發，若情況有變，還可隨機改動。

這年三月，郭嵩燾在京為官不順，奏請辭職歸鄉養病。其實他並不願如此，但胡林翼寫信勸他速歸，他這才決定上疏辭歸。對此，曾國藩很不滿意，他認為這個決定下得太過心急，恐怕會有消極影響。他在給郭嵩燾之弟郭昆燾的信中說：「鄙意卻嫌其太速，既已入直，即宜回翔一半年，再行引退，庶山左之風波大定，而一身之進退有餘。今如此毅然，恐又非了局。」

由於郭嵩燾性格過於急切，仕途一直不順。湘軍集團中，郭嵩燾出力甚多，卻未得大任。後來郭嵩燾任駐外公使，又因急切宣導西方新政，而舉朝罵之為賣國賊，甚至有人主張殺之以謝天下，郭嵩燾最後因此鬱鬱而終。可見，郭嵩燾未得「緩」字的妙處。

急於求成的結果就是欲速則不達。大凡急功近利者都不可能成就大事業，因爲這種人沒有什麼長遠追求，沒有成就事業的大志向，全部精力、時間都無形地消耗在了短期行爲中，消耗在了他虛浮淺薄的勞作中。相反，成大事者不會太在意眼前的利益或者暫時的損失，他們會一步一個腳印地穩步前進，最後收穫的是最大的利益。

# 3 把「屢戰屢敗」換成「屢敗屢戰」

我們常說「失敗是成功之母」，是因爲失敗可以爲日後的成功提供寶貴的經驗和教訓，增加下一次成功的機率。很多人沒有成功的一個重要原因是他們缺乏意志力，無法在遭遇困難或者暫時失敗的時候，及時調整心態，重拾信心，從頭再來。

在湘軍建立初期，曾國藩屢遭挫敗，作戰經常吃敗仗。咸豐四年初，湘軍練成水陸二軍一萬七千人，會師湘潭。曾國藩撰檄文聲討太平天國，誓師出戰，向太平軍進攻。四月初二凌晨，曾國藩指揮湘軍沿湘江北上，浩浩蕩蕩向靖港進發。然而，首戰即遭遇太平軍的埋伏，水軍險遭殲滅。

曾國藩被大敗之後，再次埋頭募兵練兵，原來的老湘軍只剩四千人，他陸續增補至兩萬多人，修造舟船，配備炮械。咸豐四年六月中旬，曾國藩再次指揮水陸二軍北上，發動湘軍的第二次攻勢。不久，湘軍水師克復岳州的勝利讓曾國藩喜不自勝。但不久，湘軍又陷入了太平軍的包圍之中，結果損失了上百條戰船，官兵陣亡好幾百人。這次慘敗，不僅讓曾國藩的手下大將褚汝航送了命，還把他攻克嶽州、三次大挫太平軍的汗馬功勞給一筆勾銷了。

其後，曾國藩率軍攻打九江城，面對石達開的防守，曾國藩心生一計，命水師精兵兩萬餘人，清除了鄱陽湖口障礙，衝入湖中。沒想到這正是石達開的誘敵之計。只聽一陣鑼響，湖口兩側太平軍工兵齊出，飛速設卡築壘，斷了湘軍水師的歸路，使湘軍水師在湖裡湖外被斬為兩段。曾國藩辛苦經營多年的水師，被石達開略施小計突然襲擊，就損失了一半有餘。

不久，石達開用一百多隻小船突擊湘軍水師，火彈噴筒齊發，滿江密佈火網，曾國藩麾下的戰船相繼起火燃燒，一隊舢板直撲曾國藩所在船隻，曾國藩跳上小舟，倉皇逃到陸上，投奔羅澤南的大營。他座船上的管駕官、監印典吏、兩名把總、上百名衛士全部被殺，水師崩潰，將士四散奔逃，湘軍的文卷冊牘、糧台銀兩都落入了太平軍之手，這一戰，湘軍水師戰船被燒得精光。

此役後，曾國藩上奏朝廷報告軍情時稱湘軍屢戰屢敗，請求嚴懲。其左右建議曾國藩把「屢戰屢敗」改成「屢敗屢戰」，曾國藩接受了這個建議。

同樣的四個字，只是稍微顛倒了一下順序，意思卻發生了非常大的變化。「屢戰屢敗」體現出的是心灰意冷、意志消沉的悲觀情緒，而「屢敗屢戰」反映出的則是一種毫不氣餒、百折不撓的頑強意志。

當朝廷看到他所寫的奏章後，認為曾國藩雖然連遭失敗，但仍頑強地戰鬥，其忠心可嘉，不但沒有嚴懲他，反而更加重用他。曾國藩也從中得到鼓舞，振奮精神，重新整頓軍務，與太平軍血戰。最終，湘軍成功攻破天京，成為清政府鎮壓太平天國起義的一位有功之臣。

我們應該清醒地認識到，所有的成功都來之不易，都需要付出很大的代價，都需要恒心和毅力。

也許我們的人生旅途上沼澤遍佈，荊棘叢生；也許我們追求的風景總是山重水復，不見柳暗花明；也許我們虔誠的信念會被世俗的塵霧纏繞；也許我們高貴的靈魂暫時在現實中找不到寄放的淨土……那麼，爲什麼不能以勇敢者的氣魄，堅定而自信地學習曾國藩，把「屢戰屢敗」調整爲「屢敗屢戰」呢？

# 4 人生沉浮，全憑一個「挺」字

人的一生需要「挺過」許許多多、大大小小、接連不斷的關口，才能爲自己的人生迎來更加廣闊的發展空間。「挺」包含著堅持、堅強、堅忍、堅挺等多重含義。挺，表現的是一種自信、坦然、淡然、奮發、積極、進取、拒絕失敗、拒絕消沉的精神品質。擁有這樣精神品質的人，必然會成爲事業和生活中的強者。

曾國藩的一生，憑藉一個「挺」字，在困厄中求出路，歷盡波折，以堅韌挺勁的無畏精神成就了「天下之大功」。

在曾國藩看來，「挺」就是「堅忍」。他總是對屬下官員說：「我年輕時喜歡與人挺著幹，現在老了，不挺了，也就沒有什麼功績了，看來還得挺。所以你們要記住，世上的事能不能勝，就看你挺不挺得住。」

失敗和挫折是生活中的一種常態，無可避免，必須挺過去，才能真正戰勝它們。

對曾國藩來說，他的「挺」，首先體現爲不懼困難、勇往直前的精神。

曾國藩以郭子儀勇赴國難，任國家驅使，不計個人榮辱為榜樣，確立了勇於進取的人生態度。當太平天國崛起，清廷面臨危亡時，他接受召喚，挺身而出，編練湘軍。功成之後，又奉命剿撚。剿撚不力，他並未灰心，自願留營效力，「以散員周旋其間，維湘、淮之軍心，通吳、楚之血脈，不作置身局外之想」。他回到兩江總督任上，依舊盡職盡責。後來他接任直隸總督，辦理「天津教案」，雖然引來眾多非議，但他不怕困難，積極承擔責任，為國家貢獻力量的精神，是很值得提倡的。

其次，曾國藩的「挺」體現的是他大公無私和忠肝義膽。

在面對咸豐皇帝點名出兵抗擊太平軍的聖旨面前，曾國藩冒死「挺」住了。這一「挺」，不僅為他贏得了朝廷的信任，也為自己贏得了壯大力量的機會。曾國藩知道，面對已成燎原之勢的太平軍，他不可能在短期內訓練出一支能與之抗衡的軍隊。湘軍剛剛組建，用這樣的軍隊去和太平軍作戰，無異於以卵擊石。於是，曾國藩選擇了「挺」——抗旨不出兵。任憑聖旨的語氣多麼嚴厲，他都拚命「挺」著。

後來，他的老師、湖廣總督吳文鎔發來求救信，於公於私，他都應該出兵相救，但他仍堅持不出兵，就是因為擔心自己好不容易建立起來的軍隊會毀於一旦。

曾國藩的「挺」既是一種謀略，也是對心理素質的考驗。曾國藩的「挺」展現了他大公無私的精神和謹慎的爲人之道。

最後，曾國藩不光在很多大事上展現了「挺」功，在生活中也有很好的表現。

曾國藩患有頑固性皮膚病，也就我們現在說的牛皮癬，發作時痛癢難忍。曾國藩幾乎每天都忍受著這種折磨，對此，他談笑自若。如咸豐十一年六月，他給李續宜的信中說：「敝瘡亦小瘉，然手不停搔，頗以為若。鄭板橋有言：『隔靴搔癢，贊亦可厭；入木三分，罵亦可感。』閣下既吝此『隔靴』之贊，鄙人當自為『入木』之爬。何如，何如？」語言詼諧幽默，但其所受之苦絕非別人可想像。

在曾國藩的一生中，很多重要的關口，他都是靠「挺」順利闖過去的。無論是軍事上的失敗，還是官場上的讒言、猜忌，他都靠頑強的意志「挺」了過來，重新振作，轉敗爲勝。

曾國藩在日記中寫下了自己的體會：「天下事未有不自艱苦得來而可久可大者。」「天下斷無易處之境遇。」可見，能成就事業的人物，必須具備與困難做鬥爭的意志。

他還提醒、教導身邊的人也要在面對困難時挺住。他給湘軍名將劉松山接連寫過兩封信：「凡享有大名者，無不從堅忍艱苦而成。」「古來大有為之人，每於艱險之時，堅忍支撐得住，可做非常事業。」

在給自己的學生黎庶昌的信中，他也說過類似的話：「奇人傑士皆由磨礪中來。艱巨雜役，磨礪也；米鹽煩瑣，亦磨礪也。」

同治三年，曾國藩對江西一位候選縣丞也講了這番話：「古來忠臣孝子，多半是處逆境磨煉出來的。若一片順境，有何難處？」

李鴻章人雖聰明，卻缺乏堅忍之氣。同治六年，李鴻章接替老師曾國藩鎮壓撚軍，開始時連吃幾次敗仗，形勢棘手，他自己也有些慌亂。曾國藩來信中的一席話使他有了主心骨。曾國藩在信中說：「軍事棘手之際，物議指摘之時，唯有數事最宜把持得定：一曰軍律不可騷擾；二曰奏報不可諱飾；三曰調度不可散亂。譬若舟行遇大風暴，只要把舵者心明力定，則成敗雖不可知，要勝於他舟之慌亂者數倍。」

兩個月後，曾國藩仍不放心，又給李鴻章寫了一封信，說：「事機不順之際，要當寬以居之，靜以待之，不可過於焦急……今閣下當此艱危之局，望將躁急鬱迫之懷掃除淨盡。」

兩封信，同一個主題，都是在提醒李鴻章要挺住。

「挺」的精神，曾國藩稱之爲豎起骨頭，竭力撐持。他手書的對聯「養活一團春意思，撐起兩根窮骨頭」，是對「挺」的上佳詮釋。

「挺」意味著擔當，意味著承擔更大的責任，意味著你會失去很多，意味著你要承受更大的磨難，意味著你要堅信自己的力量，意味著你要堅定自己的目標……意味著你只要「挺過去」，就會贏得一切。

# 第五章

## 論讀書——看、溫、習、思四事並行

曾國藩語錄：

看新書就該求快，不多讀書就顯得孤陋寡聞；溫習舊書應該精熟，不背誦則容易忘記；要經常思考，否則就好比人啞不能說話，馬跛不能飛馳。

# 1 看：多讀書，還要會讀書

曾國藩的天賦本無超常之處，他本人也認爲自己才智鈍拙，而就是這樣一個平常得甚至有些愚鈍的人，卻成爲了令後人崇拜的大儒，是什麼成就了他呢？究其原因，就在於曾國藩始終堅持不懈地立志勤學。

曾國藩在寫給兒子曾紀澤的信中講道：「人之氣質，由於天生，本難改變，唯讀書則可以變其氣質。古之精相法者，並言讀書可以變換骨相。欲求變換之法，須先立堅卓之志。」曾國藩認為身教勝於言傳，於是，他一生都嚴於律己，勤奮地學習。為此，他還給自己設定了讀書的十二門課程。雖然根據不同時期、不同情況會有所變化，中間偶有間斷，但自四十八歲起，就未嘗間斷。這十二門課程是：

（1）主敬：整齊嚴肅，清明在躬，如日之升。

（2）靜坐：每日不拘何時，靜坐四刻，正位凝命，如鼎之鎮。

（3）早起：黎明即起，醒後不沾戀。

（4）讀書不二：一書未完，不看他書。

（5）讀史：念二十三史，每日圈點十頁，雖有事不間斷。

（6）謹言：刻刻留心。

（7）養氣：氣藏丹田，無不可對人言之事。

（8）保身：節勞，節欲，節飲食。

（9）日知其所無：每日讀書，記錄心得語。

（10）月無忘其所能：每月作詩文數首，以驗積理的多寡、養氣之盛否。

（11）寫字：飯後寫字半個時辰。

（12）夜不出門。

曾國藩的這十二條讀書規矩，前三條是爲讀書作準備的；第四、五、九、十、十一條是讀書的方法；而第六、七、八、十二條看起來似乎與讀書關係不大，實質上是要求自己集中精力讀好書，是保證讀書品質的重要手段。

咸豐八年，曾國藩在軍務繁忙之際，還規定自己在申、酉、戌、亥四個時辰溫舊書、讀新書、償外債（指詩文債、字債）、寫筆記。同治元年，他任兩江總督，白天忙於軍政事務，夜裡仍溫讀詩文。他自道光十九年正月初一起寫日記，至同治十一年二月初二止，從未間斷過。

當然，僅僅堅持不懈地讀書，並不一定就能成就大業，學以致用才能使學識取得更大的成效。對此，曾國藩也頗有心得。

曾國藩強調讀書要手到、口到。我們一般認為讀書要眼到、心到才能有效果。而曾國藩卻認為讀書中，眼到、心到是必然的，而手到與口到則極為重要。他每天看書都會用筆圈點，便於理解和記憶。曾國藩還主張，讀文以聲調為本，也就是在高聲朗讀書本的過程中，可以深刻體會作者行文的內涵，便於加深記憶和理解。

他還定了讀書「三法」，即約、專、耐。約，即是指讀書要「少而精」，抓住重點書籍刻苦鑽研，直到弄懂弄透。專，即是曾國藩在課程表中所定的「讀書不二」這一條。曾國藩認為，當治學的方向已定，那就應在這個方向上一步一個腳印，踏踏實實地弄懂每一個問題。耐，即是讀書時要以字、句為基礎，不弄明白絕不甘休，切不可好高騖遠，以速取勝。「讀經有一耐字訣。一句不通，不看下句；今日不通，明日再讀；今年不精，明年再讀。此所謂耐也。」曾國藩認為，學問來自一點一滴的積累，不可求速。「求速效必助長，非徒無益，而又害之。只要日積月累，如愚公之移山，終久必有豁然貫通之候。」

對於讀書的具體方法，曾國藩提倡「猛火煮」與「雞孵卵」相結合。讀生書宜求速，即要「猛火煮」。他這樣解釋道：「每日至少亦須看二十頁，不必惑於在精不在多之說。今日半頁，明日數頁，又明日耽擱間斷，或數年而不能畢一部，如煮飯然，歇火則冷，小火則不熟，須用大柴大火乃易成也。」「凡讀書有難解者，有一字不能記者，不必苦求強記，今日看幾篇，明日看幾篇，久久自然有益。」

但是，如果長期不求甚解，便不能豁然貫通，甚至導致對知識的濫用、誤用。因而，還必須有一個對知識消化的過程。「溫舊書宜求熟」，正如「雞孵卵」，必須慢慢催化。只有這樣，才能深入地讀懂書籍，舉一反三，悟出新的「境界」來。

曾國藩還提倡讀書要「看、讀、寫、作」並舉。他說的「讀」，是指對某些書「非高聲朗誦則不能得其雄偉之概，非密詠恬吟則不能探其深遠之韻」。他把

「看」和「讀」做出截然的區分。看，多用「猛火煮」；讀，則如「雞孵卵」。曾國藩認為，讀書聲若金石之鳴，悠悠意遠，是君子三樂之一，可見他對「讀」的重視。至於他說的「寫」，則指練習書法，「作」指作文吟詩。

曾國藩這些值得後人借鑒的讀書方法，無一不是他自己一生讀書的心得體會和經驗的總結。這些既是他在自己學習的過程中逐漸體會和積累出來的，也是在向古人不斷學習提高的過程中感受到的。

# 2 溫：術業有專攻

古人言：「術業有專攻。」做學問在於專，專心才能集中精力，才能真正挖掘知識的內涵。

凡事皆貴專。就像挖井一樣，如果總是這兒挖一米，那兒挖兩米，那一定挖不出水來；如果專心找一個地方挖，十米不出水，挖到二十米、三十米深總會出水。另外，讀書要熟讀，「熟」是讀書的笨辦法，但是熟能生巧。曾國藩認爲，世間各種本事，如果不是由「熟」而精，則終不可恃。下面先說「專」。曾國藩說：「做一事，便須全副精神，注在此事，首尾不懈，不可見異思遷。」

曾國藩認爲，做任何事情都要專心一致，不能見異思遷，今天想這樣，明天想那樣，這是不可取的，也不是把事情做好的辦法。一個人的精力畢竟有限，要想在各個領域都有很高深的造詣是很難的，我們常說「樣樣精通就是樣樣稀鬆」，與其四處鑽研卻處處稀鬆平常，還不如在某一個領域專心深入地研究。

讀書也是一樣，什麼書都讀，就容易導致什麼書都讀不透、讀不精，不能很好地通曉書中的深刻道理。在浩如煙海的文化古籍中，想要讀完所有的書是不可能的，所以，你要有所選擇，專心讀幾本或者十幾本對自己最有教益的書。曾國藩以博學著稱，但是他在家書中寫道：「余於四書五經之外，最好《史記》、《漢書》、《莊子》、韓（愈）文四種，好之十餘年，惜不能熟讀精考。又如《通鑑》、《文選》及姚惜抱所選之《古文辭類纂》、余所選《十八家詩抄》四種，共不過十餘種。」

在人們的印象中，一個人能被冠以「博學」之名，那必是所學涉獵極廣的，但曾國藩讓我們看到了什麼才是真正的博學：一方面要專心讀書，不能因爲貪多而嚼不爛，弄得最後什麼都是一知半解；另一方面，讀書如同萬壑爭流，必有主脈，只要把握至理所在，其他次要問題都不難做到觸類旁通。

面對西方的堅船利炮，曾國藩並不像其他人那樣還沉浸在天朝上國的美夢中，他意識到了西方科技的精妙之處。和別人不同的是，他既沒有迷信西方科技，也沒有不屑一顧，而是看到了西方科技之所以精妙，全是因爲西方人的「專精」所致。

同治十年八月，他在致吳大廷的信中說道：「凡事患在不為，不患不能。西洋技藝所以卓絕古今者，由其每治一事，處心積慮，不臻絕詣不止。心愈用則愈靈，技愈推則愈巧。要在專精，非其才力聰明果遠於中國。」正是在對西方先進科學技術認識的基礎上，曾國藩做出了一件驚世駭俗的事情，那就是奏請清政府選派幼童赴美留學。後來的事實證明，這一舉措的影響是極其深遠的。

曾國藩認識到了西方技術的絕妙在於專精，在於專注守一，中國應該效仿。由此，曾國藩也告訴我們，在專精和廣博之間應該找到一個平衡點，不要在不該專的地方專，否則容易限制自己的發展，導致技能單一，容易陷入被動。從博中找到專，然後觸類旁通，這樣才更容易出成效。

再來說「熟」。曾國藩非常注重「熟」的作用，儘管看起來「熟」是個笨辦法，但是「熟」是通往「巧」的必由之路。他認爲，「文人妙來無過熟」，古代名家的文筆之所以那麼精妙，都是從熟練中來的。

咸豐八年，曾國藩在給兒子曾紀澤的家書中告誡道：「爾欲作五古七古，須熟讀五古七古各數十篇。先之以高聲朗誦，以昌其氣；繼之以密詠括吟，以玩其味。二者並進，使古人之聲調拂拂然若與我之喉舌相習，則下筆為詩時，必有句調湊赴腕下。詩成自讀之，亦自覺琅琅可誦，引出一種興會來。」意思就是說，當讀前人的詩作熟練到連自己的喉舌口吻都和前人很相似的程度時，做出來的詩自然就會有前人的味道。

在另一封家書中，曾國藩告誡兒子：「十三經外最宜熟讀者莫如《史記》、《漢書》、《莊子》、韓文四種……吾兒既讀五經四書，即當將此尋究一番，縱不能講習貫通，亦當思涉獵其大略，則見解日開矣。」

曾國藩所推崇的進學之道就是由熟而臻於妙。但很顯然，要做到精熟並不容易，需要經歷一個過程。

咸豐九年四月初八，曾國藩的日記中有這樣一段話：「日內頗好寫字，而年老手鈍，毫無長進，故知此事須於三十歲前寫定規模。自三十歲以後只能下一熟字功夫，熟極則巧妙出焉。筆意間架，梓匠之規也，由熟而得妙，則不能與人之巧也。吾於三四十歲時。規矩未定，故不能有所就。人有恆言，曰「抄來無過熟」，又曰「熟能生巧」，又曰「成熟」，故知妙也、巧也、成也，皆從極熟之後得之者也。不特寫字為然，凡天下庶事百技，皆先立定規模，後求精熟。即人之所以為聖人，亦須先立規模，後求精熟。即顏淵未達一間，亦只是欠熟耳。故曰：夫仁亦在乎熟之而已矣。」

很多事情、技藝都是先打下一定的基礎，然後不斷完善提高，最後達到精熟的境界。由此，曾國藩認爲，所謂儒家最高境界的「仁」，也不過就是「熟」而已。

在曾國藩的諸多讀書之道中，「專」和「熟」是最能反映他讀書獨到之處的方法。專是保證目標準確，不因過多其他無關緊要的東西而分散精力，只要找準主要目標，貫通之後，其他次要目標就都可以觸類旁通；熟是保證精湛，最後達到精湛的必由之路，任何事情只是知道了、瞭解了，並不能達到最好的效果，就像射箭，懂得了原理，掌握了技巧，但是如果不練到精熟的地步，一樣不能命中靶心。

做任何事情，要想做出成就來，就必須全身心地投入去做。

首先，要將自己的精力專注在這件事情上，這是做事的前提。北齊劉晝的《劉子・專學》說：「使左手畫方，右手畫圓，令一時俱成，雖執規矩之心，回剟劂之手，而不能成者，由心不兩用，則手不並運也。」

其次，要熟。熟了就真的掌握了，熟了就能生出巧來，也就是能夠因爲熟而摸清事情的道理，找到解決問題的辦法。譬如射箭，等熟到閉著眼睛都能百發百中的時候，那就能稱之爲「精」了，這顯然和「會」不是一個境界。任何領域的專家、能手，都是從「專」和「熟」入手才取得成功的。

# 3 習：活到老學到老

我們有句俗話叫「活到老學到老」，這是來源於前人經驗的總結。很多人以為離開了學校，學習生活就結束了。其實不然，社會生活本身也是一種學習，工作的過程就是學習和積累的過程。踏入職場，很多東西是我們之前從來沒有遇見過的，要想處理得當、靈活應對，就得不斷學習。經驗的積累和技能的掌握，本身也是一種學習，可以說，學習無處不在。現代世界的知識更新速度如此之快，許多東西可能我們還沒來得及瞭解就已經過時了，所以，如果不時時學習，我們將很快被社會所淘汰。

曾國藩說：「蓋世人讀書，第一要有志，第二要有識，第三要有恆。有志則斷不甘為下流；有識則知學問無盡，不敢以一得自足，如河伯之觀海，如井蛙之窺天，皆無識者也；有恆則斷無不成之事。此三者缺一不可。」

曾國藩認為「恒」最為重要。學無止境，若不持之以恆，必定半途而廢。因此，「做事有恆，容止有定」，是他一生生活行為準則之一。他認為：「學問之道無窮，而總以有恆為主。」每日無論公務多麼繁忙，只要是定下的日課與月課，他都一定會堅持，從不將昨日的課程改為今天補做，也不因明日有事而將課程今日預做。他認為，只有堅持不懈的人才會取得事業上的成功。

有人說：「活到老學到老，到老都是小學生。」「活到老學到老」是一種端正的、值得人們效仿的學習態度，「到老都是小學生」才是真正實踐「活到老學到老」的良好心態。沒有這種低姿態，就不可能做到堅持不懈地學習。

人生的每一個階段，甚至每一天、每一刻都需要學習，都需要學習新東西來讓生活變得豐富多彩，讓生命變得更有意義。而抱著「到老都是小學生」的心態，你會發現需要學的東西很多，能夠學到的東西也會更多。

學問要通過不斷學習才能內化成自己的東西。一個人即使天賦再好，也不可能隨便就將不屬於自己的東西據為己有，頂多是在學習的時候比別人快一些。同樣，一個人就算是天賦一般，但只要能堅持不懈地學習，遲早會有成大器的一天。

人生是需要不斷充電的。只有不斷地充實自己，我們才能讓自己贏在起跑線上。知識長時間地擱置，就會隨著時間的推移而逐漸淡忘，若是不勤加溫習，不吸收新的知識，僅有的一點知識恐怕也會消失殆盡。因此，在我國的歷史上有很多著名的大文豪，老年之後作的文章或詩詞反而沒有年輕時作的好。

求學是個積累的過程，沒有人可以不下苦功就擁有大學問。王安石所寫的《傷仲永》中講述了一個神童最終變成普通人的故事。仲永天資聰慧，五歲即能指物作詩，且「文理皆有可觀者」，一時之間，他的名氣傳遍鄉里。人人都感到很詫異，因此很多人請仲永的父親做客，拿錢請仲永作詩。仲永的父親見有利可圖，就拉著仲永四處作詩，耽誤了學習。結果幾年以後，這個神童就變得和普通人一樣了。

葛洪說：「學之廣在於不倦，不倦在於固志。」人的生命是有限的，而學問是無限的。學問積累得越多，就越有智慧，志向就會越來越大，成就自然也會越來越讓人刮目相看。

曾經有人對愛因斯坦說：「您可謂是物理學界空前絕後的人才了，為什麼還要這樣艱苦地學習呢？」

愛因斯坦笑了笑沒有說話，而是找來一支筆、一張紙，在紙上畫上一個大圓和一個小圓，說：「在物理學這個領域裡，我可能比你懂的多一點。好比這個小圓就是你，而我則是這個大圓。然而，整個物理學是無邊無際的，小圓周長小，所以與未知領域的接觸面小，感受到的未知就少；而大圓與外界接觸的周長大，所以感到自己未知的東西更多，會更加努力去探索。」

學習是一種進取的精神。正是由於有了這種精神的存在，人生才更有意義。過去的成績只代表過去，我們應當注重的是未來。人應當在進步中體會自己的人生價值，體會人生的快樂，從求知中獲得自我的幸福和滿足。

有人將人生比作列車，唯有不停學習，才能使生命的車輪不停前進，才能感覺到生命的動力，從而品嘗到生命成長的喜悅。不學習的人生，就像是列車拋錨一樣，停在原地不動，只會慢慢生銹而已。

## 4 思：讀書是為了什麼

曾國藩主張，治學的目的應在於「修身、齊家、治國、平天下」，或者說是進德與修業。在給弟弟們的信中，曾國藩說：「吾輩讀書，只有兩事：一者進德之事，講求乎誠正修齊之道，以圖無忝所生；一者修業之事，操習乎記誦辭章之述，以圖自衛其身。」可以看出，他一方面繼承了孔子、朱熹讀書治學的思想，另一方面也有自己的創新。他並不拘於朱熹的「性命」、「道德」空談，而是繼承了宋朝陳亮「經世致用」的思想，認爲讀書大可報國爲民，小可修業謀生，以自衛其身。因此，可以說在爲什麼讀書的問題上，曾國藩是在繼承古代各種觀點的合理因素的基礎上，提出了較爲客觀、切合實際的新的讀書觀。

曾國藩明確表示自己讀書不是爲了榮辱得失，而是希望成爲讀書明理的君子。曾國藩是反對爲一體之屈伸、一家之饑飽而讀書的，因此，他認爲讀書應以報國爲民爲最終目的：「明德新民止於至善，皆我分內事也。若讀書不能體貼到身上去，謂此三項，與我身毫不相涉，則讀書何用？」

曾國藩的讀書志向是進德修身，再拓展開來就是在成就自己的同時也成就別人，雖然有著很重的明哲保身的思想，但是能本著報國爲民的思想讀書，在那個年代已經是相當難得了。

反觀今天，讀書可以開闊眼界，可以陶冶情操，可以提升修養，還能拓寬你看問題的角度、想問題的層次，改變你面對問題的態度。我們也許沒辦法改變這個世界，但讀書卻可以很好地改變我們自己，讓我們去適應這個世界，實現我們的人生價值。也就是說，讀書就是爲了更好地滋養自己。

# 第六章

## 論功名——「淡泊」二字最好

曾國藩語錄：

「淡泊」二字最好。淡，恬淡也；泊，安泊也。恬淡安泊，無他妄念也。此心多少快活！而趨炎附勢，蠅頭微利，則心智日益蹉跎也。

# 1 宜從「平淡」二字用功

相傳，清代乾隆皇帝下江南時，來到江蘇鎮江的金山寺，看到山腳下大江東去，百舸爭流，不禁興致大發，隨口問一個老和尚：「你在這裡住了幾十年，可知道每天來來往往多少船？」

老和尚回答說：「我只看到兩隻船。一隻爲名，一隻爲利。」

很多人都說「人為財死，鳥為食亡」，的確，人有趨利性，這很正常，但這並不能成為你唯利是圖、愛慕虛榮的藉口。誠然，從古至今，不知多少人掙扎在名利場上，「天下熙熙，皆為利來，天下攘攘，皆為利往」。又有多少人能真正做到淡泊名利、笑看人生？司馬遷說得好：「君子疾沒世而名不稱焉，名利本為浮世重，古今能有幾人拋？」由此可知，真正做到淡泊名利很難。理學大師朱熹也感歎道：「世上無如人欲險，幾人到此誤平生。」也正是因為做到淡泊名利很難，那些做到的人，才能真正成就人所不能及的大業。曾國藩就是其中之一。

不可否認，曾國藩起初的名利心也很強，這是他最初踏上仕途的動力；後來科舉中榜，志得意滿的他更是將做出一番事業、垂範於鄉黨、名列忠臣作為自己孜孜以求的理想；及至後來身至軍營，有了施展自己抱負的空間，通過自己的努力，在戰爭中取得卓著的功勳，這給曾國藩帶來了很大榮譽。然而，曾國藩並未被衝昏頭腦，而是更加謹慎地對自己進行了批判。

道光二十二年十二月初九，曾國藩在日記中寫道：「見好物與人爭，若爭名爭利，如此則為無所不至之小人矣，倘所謂喻利者乎？與人爭名爭利，則流於小人之列，這是正人君子所不齒的。」

曾國藩淡泊名利，在於他能淡化物欲，這是他保持平常心的一大學問。他說：「弟讀邵子詩，領得恬淡沖融之趣，此自是襟懷長進處。自古聖賢豪傑、文人才士，其志事不同，而其豁達光明之胸大略相同。以詩言之，必先有豁達光明之識，而後有恬淡沖融之趣，如李白、韓愈、杜牧之則豁達處多，陶淵明、孟浩然、白居易則沖淡處多。杜、蘇二公無奭不備，而杜之五律最沖淡，蘇之七古最豁達。邵堯夫雖非詩之正宗，而豁達、沖淡二者兼全。吾好讀《莊子》，以其豁達足益人胸襟也。去年所講生而荚者，若知之，若不知之，若聞之，若不聞之一段，最為豁達。推之即舜禹之有天下而不與，亦同此襟懷也。」

曾國藩從傳統文化中領會了恬淡沖融的情趣，他修養內心，目的是為了超脫世俗，享受一種輕鬆的格調。曾國藩對儒家提倡的「修身、齊家、治國、平天下」的人生信條看得非常重，他認為，要做到這樣，最重要的問題就是立足於精神修養，即「治心」。曾國藩認為，精神的修養，全是內心所要做的功夫。所謂「治心」之道，如懲忿窒欲、靜坐養心、平淡自守、改過遷善等，都屬於精神方面的修養。

在現實生活中，名譽和地位常常被視為衡量一個人成功與否的標準，所以追求一定的名聲、地位和榮譽，已成為一種極為普遍的心態。在很多人心目中，只有有了名譽和權力，才能實現自身的價值。其實，人生的目的不在於成名、成家，而在於面對現實努力而為之，盡情享受生命，用心體驗生活的美好。

人生在世，功名利祿只是身外之物，只要我們努力地前行，真實地面對自己所擁有或將要擁有的一切，你會發現，能滿足自己的東西可以很多，也可以很少。人生在天地之間，轉瞬來去，就像是偶然登臺、倉促下臺的過客一樣。既然人生如此短暫，為何不好好珍惜，而要去貪圖權勢，自釀苦酒呢？

不可否認，進入了權力中心的人，自有許多物質、名譽的利益。因為有利益、有誘惑，才會有那麼多人奮不顧身地去追求。爲官當政，有權有勢，身處眾人之上，能夠比普通人有更多的機會左右一個單位、一個鄉鎮、一個城市的命運。因此，想要做官的人可以說是摩肩接踵，比比皆是。可是，儘管當上官的人很得意、很快樂，可權力也伴隨著許多煩惱和風險。有權在手的同時，所受約束也很大，對待身邊的人都要小心謹慎。而且，由於權力地位往往與名利連在一起，所以自古以來就有爭奪權力地位的鬥爭。這種鬥爭往往環環相扣，一旦投入其中，便會越滑越快、越陷越深，終至不能自拔。

人生諸多煩惱，多由貪戀權勢引起；人間諸多禍患，也多由貪戀權勢招致。因此，追求名譽和權力的時候，更應該銘記的是：君子愛財、愛名、愛權，都要取之有道。

有的人既不求升官，也不求發財，每天上班安分守己做好本職工作，下班按時回家，每個月領著不多不少還算說得過去的薪水，晚上陪家人看看電視，週末帶孩子逛逛公園，年輕的時候打打籃球，年紀大了就練練太極，不生氣，不上火，知足常樂，長命百歲。這樣的人生看起來可能有些「平庸」，但其中的那份「閒適」給人帶來的滿足，卻是那些整日奔波勞累、費心勞神追求功名利祿之人所體會不到的。

功成名就從一定意義上講並不難，只要付出勤奮和辛勞就可以換取，需要把別人喝咖啡的時間都用來打拚。就一般情況而言，你多得一份功名利祿，就會少得一份輕鬆悠閒。而一切名利終究會如過眼雲煙，人生最重要的，還是一個溫馨的家和腳下那一片堅實的土地。

曠世巨作《飄》的作者瑪格麗特•米契爾說過：「一直要到你失去了名譽以後，你才會知道這玩意兒有多累贅，而真正的自由又是什麼。」盛名之下，是一顆活得很累的心，因爲它只是在爲別人而活著。很多人很羨慕那些名人的風光，可你是否瞭解他們的苦衷？想要活得瀟灑自在、幸福快樂，就必須學會淡泊名利，割斷權與利的聯繫，無官不去爭，有官不去鬥，位高不自傲，位低不自卑，欣然享受清心自在的美好時光，感受生活的快樂和愜意。

學會以平和之心看待權力地位，乃是免墮欲望陷阱的良方，也是得到人生幸福和快樂的智慧所在。

# 2 知足則樂，務貪必憂

在曾國藩看來，知足會讓人覺得內心像天地一樣寬廣，貪得無厭則會讓人覺得連宇宙都十分狹小。對於沒有超乎常人資質的人來說，多欲多求更容易招致禍害。曾國藩知道貪對自己的身心十分不利，自己一輩子潛心修養得來的一切都會因爲貪而付之東流。所以，他深知知足常樂的道理。

道光二十年，三十歲的曾國藩入京為官。這一年，曾國藩立定了「學做聖人」的大志。而「好利之心」是程朱理學特別著力克制乃至消滅的「人欲」之一，自然也是曾國藩的重要反思內容。

道光二十九年三月二十一日，時任禮部尚書的曾國藩在寫給其弟的家信中說：「予自三十歲以來，即以做官發財為可恥，以宦囊積金為可羞可恨，故私心立誓，總不靠做官發財，以遺後人。神明鑒臨，予不食言。」

曾國藩雖然是做京官，但待遇並不高。當時作為七品京官的曾國藩年俸僅為四十五兩，外加作為津貼的「恩俸」和「祿米」也不過一百三十五兩。而後來的張之洞曾給京官算過帳：「計京官用度，即十分刻苦，日須一金，歲有三百餘金，始能勉強自給。」彌補這樣大的收支赤字只有兩個辦法：一是收受外官的饋贈，二是借貸。外官收入豐厚，為了構建關係網，每次進京，都要給熟悉的京官們送禮。這筆饋贈，少則數十兩，多則數百兩。但曾國藩很少利用手中權力為人辦事，所以這種饋送次數很少，於是，借債就成了他的主要經濟來源。因為人品好，曾國藩借錢比較容易。至道光二十二年年底，曾國藩已累計借銀四百兩。這一時期，他在家書中多次出現「借」、「欠」、「窘」的字樣，艱難形狀，躍然紙上。

道光二十七年，曾國藩被授內閣學士兼禮部侍郎銜，從四品升到了二品，兩年後又補禮部右侍郎。按清制，侍郎級高官，年收入可達六百二十兩，再加上津貼，共一千四百二十兩，但交往開支也隨之增加，所以曾國藩仍是一介窮京官。

道光二十三年，曾國藩到四川任鄉試主考官。主考官的差旅費定為兩千兩銀子，實際花費不足一千兩。鄉試結束時，地方政府還要送給主考官一筆「辛苦費」，也在一千兩左右。這筆收入，在當時是公開合法的。從四川回來後，曾國藩的經濟狀況大為改善，不但京中所欠的數百兩債務全部還清，還寄回家一千兩銀子，分別用於還債和贈送親戚，他說：「家中之債，今雖不還，後尚可還。贈人之舉，今若不為，後必悔之！」

曾國藩立定主意不多往家寄錢，不僅因為要保持清廉之節，還因為他認定從小經過生活磨煉的人更容易成大器。他在家信中說：「吾不欲多寄銀物至家，總恐老輩失之奢，後輩失之驕，未有錢多而子弟不驕者也。」「若沾染富貴習氣，則難望有成。」

曾國藩後來官至極品，但晚年生活仍然保持簡樸的習慣。同治十一年，曾國藩去世，生前曾立下遺囑，喪事概不收禮。雖然身為一品大員，但他的葬禮辦得很是簡樸。

可以說，曾國藩一輩子算是安享清貧，和他同級別的官員中恐怕找不出像他這樣過著樸素生活的。更爲可貴的是，曾國藩這樣做不是爲了做給別人看，而是爲了修養自己的身心，並教育子女。最根本的原因就是，他內心對這樣的生活是知足的。

人的欲望是無止境的，如果任其膨脹下去，必將後患無窮。孟子曰：「養心莫善於寡欲。其爲人也寡欲，雖有不存焉者，寡矣；其爲人也多欲，雖有存焉者，寡矣。」

曾國藩生活在晚清亂世，而且位高權重，如果想以權謀私，是有很多機會的，但是恰恰是在人們眼中最有機會名利雙收的人卻很懂得知足，一生清廉。曾國藩曾寫了一首《知足歌》：

知足天地寬，貪得宇宙隘。
豈過無人資，多欲為患害。
在約每思豐，困君帶求泰。
富求千乘車，貴求萬釘帶。
未得求速賞，既得勿求壞。
芳馨比椒蘭，磐固方泰岱。
求榮不知厭，志亢神愈昂，
歲懊有時寒，日明有時晦，
時來多善依，運去生災怪。
諸福不可期，百殃紛來會。
片言動抬尤，舉足便有礙。
戚戚抱殷尤，精爽日凋瘵。

矯首生八荒，乾坤一何大，
安榮無遽欣，患難無遽慼。
君看十人中，八九無依賴。
人窮多過我，我窮猶可耐；
而況處夷塗，奚事生嗟氣？
於世少所求，俯仰有餘快，
俟命堪終古，曾不願乎外。

《論語・憲問》中說：「素位而行，不尤不怨。」意思是說，根據平日所處的地位而行事，不責備（他人或自己），也不埋怨（他人或自己）。一個人之所以變得貪婪，就是因為他沒有素位而行，總是盯著那些自己還沒有得到的東西。如果能力和地位還不足以辦到，就會採取其他不正當的手段去佔有，結果弄得自己身敗名裂，慘澹收場。所以，人要學會知足，我們常說「知足者常樂」，一個不知足的人活得比別人要累得多。

知道滿足的人，永遠是覺得快樂滿足的。貪心，就來自於叔本華的那句話：「我們很少想到自己擁有什麼，卻總是想著自己缺什麼。」

# 3 牢騷太盛防腸斷

中國有句名言，叫「牢騷太盛防腸斷」。有情緒不發洩固然對身體無益，但發洩方式不當，沒完沒了地抱怨也同樣不好，非但解決不了任何實際問題，達到宣洩情感、令人心情愉快的目的，反而會讓人陷入負面情緒裡。

比如：領導分派同樣的任務，有的人不抱怨，直接就積極地去完成；有的人稍微抱怨之後也想辦法去完成它；而有的人則充滿了抵觸情緒，不斷找各種理由去抱怨，這就是消極逃避的行爲反應。

專家指出，找人傾訴抱怨，本來是一種很自然的情緒宣洩方式，但無度地抱怨，不但不能緩解煩惱，反而會進一步放大原來的痛苦，讓人陷入滿腹牢騷、抱怨不休的惡性循環之中。

一個總是抱怨、發牢騷的人，心中總有一股不平之氣，不能用平和的眼光來看待周圍的人和事。因此，曾國藩常以「平淡無所求」來教導子弟，並舉出朋友的例子，讓子弟知道「牢騷太多」，無法「反躬自省」的壞處。

曾國藩認爲，胸生鬱悶，怨恨便出，心緒也會受影響而變得喜怒無常，在與人交際中，便不會被人所認同。曾國藩以「嚴於律己、寬以待人」反省，以遠離「怨」的陷阱。《禮記》曰：「樂至則無怨，禮至則不爭。」牢騷不發，反躬自省則心平氣和，可以遠離怨氣，禮樂自然而出；禮樂既出，怨懟調和，對世事的浮名利祿便視爲糞土，心便豁達沖融了。

曾國藩是這麼說的，也是這麼做的。

咸豐皇帝曾有過承諾：「攻下金陵者王之。」同治三年六月，曾國荃攻下南京城，太平天國覆滅，但清政府食言，不光湘軍上下憤憤難平，發出「弓藏狗烹」之哀歎，就連清朝的權貴們也認為朝廷太吝嗇，做法不合賞功罰罪的本義。曾國荃更是牢騷頻發，結果鬱結成疾。此時曾國藩借曾國荃生日之機為他贈詩數首，其中一首曰：「左列鐘銘右謗書，人間隨處有乘除，低頭一拜屠羊說，萬事浮雲過太虛。」

曾國藩清醒淡定，識力卓絕，他認為：「功名之際，終之始難，消長之機，盈之必缺。」他在日記中還寫道：「人生才力所能辦者，不過太倉一粒耳！知天地之長而吾所歷者短，則遇憂患橫逆之來，當少忍以待其定；知天地之大而吾所歷者小，則遇榮利爭奪之境，當退讓以守其雌。」知其雄守其雌，不爭不伐，為儒道所共推崇。曾國藩則是知行合一，說到了也做到了。

很多人都有抱怨、發牢騷的習慣，因爲很多人都認爲心裡有怨氣不發洩出來會悶出病來，但是他們沒有想過，到處發牢騷也是一種心理不健康的表現。在日常工作中，我們身邊幾乎充斥著各種各樣的抱怨：抱怨薪水與付出不匹配，抱怨績效考核不公，抱怨領導不授權，抱怨管理不規範等等，這些抱怨有些是別人說給自己的，有些是自己說給別人的。卻少有人問問自己：我爲什麼有這麼多抱怨？我有哪些不足？

咸豐元年九月初五，曾國藩在寫給弟弟們的信中說道：

「吾嘗見友朋中牢騷太甚者，其後必多抑塞，……蓋無故而怨天，則天必不許；無故而尤人，則人必不服。……凡遇牢騷欲發之時，則反躬自思：吾果有何不足而蓄此不平之氣？猛然內省，決然去之。不推平心謙抑，可以早得科名，亦且養此和氣，可以消減病患。」

曾國藩告誡兄弟子侄說，凡是遇到牢騷要發的時候，就反躬自思，自己是因為有哪些不足而積蓄了不平之氣，從自己身上找原因。然後通過內省改變自己，提高自己，堅決改掉動不動發牢騷的毛病。這樣不僅能平心謙抑，也能養和氣，稍微減輕身體的病痛。

過多的抱怨就像一種慢性腐蝕劑，在腐蝕自己的同時，也在消磨別人的鬥志。它就像可以「潰堤」的蟻穴，讓一個部門、一個團隊、一個企業逐漸潰不成軍，終至轟然倒地！

衡量抱怨是否過度，主要看抱怨之後的行爲。如果抱怨完讓你心情舒暢並能找到解決問題的方法，那就是有效的發洩；如果只有抱怨而不想怎麼去解決問題，那就是過度的發洩，需要警惕陷入負面情緒。此外，與其把你的問題告訴一些可能會使你繼續苦惱的朋友，不如去求助一些能夠幫你找到解決方法的人，比如專業的心理諮詢師。

## 4 和誘惑保持安全距離

誘惑無論哪個年代，對人都很有吸引力。當然對有權者來說，利益常常「得來全不費工夫」。所以人在誘惑面前需要保持清醒的頭腦，勇於放棄，才能使自己免於泥足深陷。

咸豐二年曾國藩創建湘軍，開始了十餘年鎮壓太平軍的戎馬生涯。手中掌握了兵權，過手的軍餉數目巨大，但曾國藩從來沒有過據為己有的念頭，相反，他對軍隊裡的貪污腐敗現象深惡痛絕，他說：「武弁自守備以上，無不喪盡天良！」用李鴻章來做對比，就更可以凸顯曾國藩的清廉知足。李鴻章帶淮軍幾十年，他把其中一部分餉銀存在直隸藩庫中，作為自己的「小金庫」，直到他死後還存有八百萬兩。

曾國藩表示：「不要錢，不怕死。」統兵之後，可以支配的金錢雖多，但他為「風示僚屬」和「仰答聖主」，把自己的部分收入捐給了戰區災民，寄回家的錢反而比以前少了。

像幸運與災難一樣，誘惑在人的生活中也扮演著重要的角色。誘惑無處不在。職場中，誘惑以其更多的姿態出現，如金錢、名譽、身分、地位、不能兌現的謊言等。臣服於誘惑，將給我們造成職業生涯的災難。如果抓住想要的東西不放，貪得無厭，就會帶來無盡的壓力和痛苦。

# 第七章

## 論器量——海納百川，有容乃大

曾國藩語錄：

做大事，要能容人，能容天下難容之人，更要能包容不同的意見和看法，能與不同性格的人相處，互補缺失，共創大業。

# 1 待人以誠以恕

要想成就一番事業，就必須具備海納百川的氣度和超人的氣量。寬容是一種人生智慧，更是建立人與人之間良好關係的法寶。一個擁有寬容美德的人，必定能夠與那些在意見、習慣和信仰方面與己不同的人融洽相處。寬容不僅對你的個人生活有很大的價值，對你的事業也有重要的推動作用。

曾國藩與左宗棠等人關係的幾次波折，體現出了他「待人以誠以恕」的精神。

曾國藩與左宗棠的性格反差很大，因此，經常意見不一致，常產生分歧。儘管如此，曾國藩從來沒有對左宗棠產生不滿。相反，曾國藩認為左宗棠是個不可多得的人才，說他「深明將略，度越時賢」，並不遺餘力地向朝廷舉薦他，這也顯示出了他的大度，左宗棠才能夠一展抱負。曾國藩對左宗棠始終有讚揚、無貶詞，甚至說：「橫覽七十二州，更無才出其右者。」

曾國藩因為李元度有傾向王有齡分裂湘系的企圖而彈劾他，結果遭到了很多人的指責，說曾國藩忘恩負義。李鴻章「乃率一幕人往爭」，聲稱「果必奏劾，門生不敢擬稿」。曾國藩說：「我自屬稿。」李鴻章表示：「若此，則門生亦將告辭，不能留侍矣。」曾國藩聞此，非常氣憤地對他說：「聽君之便。」李鴻章負氣離開。後來，幾經輾轉波折，他又想回到曾國藩的門下，曾國藩不計前嫌，親筆寫信邀請李鴻章回營相助。

曾國藩虛懷若谷、雅量大度，深深影響了他身邊的人，他的寬容大度為他贏得了他人的支持和真誠相助，同時也讓他少了許多敵人。

寬容就是這樣有魔力。很多名人用他們的成功經歷告訴我們：愛和寬容，是成功的最高境界。

## 2 給人留面子，就是給自己留餘地

給人留面子，是一種做人的涵養，一種對人的愛護之心，體現的是寬容、平和的心態。

曾國藩說：「說人之短，乃護己之短；誇己之長，乃忌人之長。皆由存心不厚，識量太狹耳。能去此弊，可以進德，可以遠怨。」

早年的曾國藩是個多言健談、愛出風頭、喜歡交際的人，也喜歡對別人品頭論足，還經常和別人爭口舌之勝，所以時常因為「多言」而得罪人。

一次，曾國藩在家為父親祝壽，他的朋友小珊前來參加壽宴。席間，兩人觀點不同，爭論不休，曾國藩的父親看在眼裡。客人走後，父親與曾國藩談起了做人的道理，尤其講了一大堆給人留面子的話。曾國藩意識到了問題的嚴重性，於是親自往小珊家中表示歉意。當天的日記，他總結自己有三大過：

「小珊前與予有隙，細思皆我之不是。苟我素以忠信待人，何至人不見信？

苟我素能禮人以敬，何至人有謾言？且即令人有不是，何至肆口謾罵，忿戾不顧，幾於志身及親若此！此事余有三大過：平日不信不敬，相待太深，一也；比時一語不合，憤恨無禮，二也；齟齬之後，人之平易，我反悍然不近人情，三也。惡言不出於口，忿言不反於身，此之不知，遺問其他？謹記於此，以為切戒。」

自此以後，曾國藩在待人方面日漸成熟，給人留面子這一點更是成為他以後待人交友的一個重要原則。

有的人把自己的面子看得貴如金，卻把別人的面子看得賤如紙。他們為了自顯高明，無視他人的尊嚴，甚至將對方逼到非反抗不可的地步。在人際交往中，只要保留住雙方的面子，一切爭端就都有迴旋的餘地；一旦撕破面皮，就極可能轉入火星四濺、雙方都無力控制的局面。

隨著曾國藩不斷升官，趨炎附勢者日漸增多，其中不乏熱衷於仕途卻又故作清高的所謂「大儒」。儘管曾國藩很反感這一切，而且也覺得他們的來訪浪費了自己讀書、思考的時間，但他依然將他們接納了下來，並給予禮遇。因為他知道，此時表現出反感，會讓人覺得自己得勢便得意忘形，這無疑會給自己樹敵。所以，他選擇了深藏心跡、不露痕跡。

對於那些「大儒」的言行不一，曾國藩身邊有一個叫李鴻裔的年輕人看在眼裡，並多次向曾國藩進言，建議他別厚待那些「大儒」。曾國藩沒有採納，依然故我，也不加以解釋。

有一天，李鴻裔在曾國藩的文案上看到一位大儒寫的一篇名為《不動心說》的文章。文中為了標榜自己的清高，寫了這麼兩句：「將吾置於二八佳人之側，問吾動好色之心乎？曰：不動。」李鴻裔為了譏諷這個言不由衷的大儒，信筆在文章的後面題道：「二八佳人側，紅藍大頂旁，爾心都不動，只想見中堂。」

當晚，曾國藩見到了這篇文章和李鴻裔的題字，命人將李鴻裔叫來訓誡：「雖然這些人多為欺世盜名之徒，言行不能坦白如一，但他們之所以還能獲得豐厚的待遇，憑藉的正是這些虛名。若你一定要揭露他們，使他們失去了衣食的來源，那麼他們對你的仇恨，絕不是言語可以化解的，這不是自取禍端麼？」李鴻裔聞之不禁汗顏，明白了曾國藩此舉的意圖，從此開始注重「內斂」。

這個故事告訴我們：做人不要做絕，說話不要說盡，待人處世，需要留有餘地，方能進退自如。

# 3 能夠成就一番事業的人，無不退己而讓人

無論古今，能夠成就一番事業的人，無不退己而讓人。所以，「讓人為上，吃虧是福」是人們可以實現內心「和」的一個有效途徑，也是營造良好人際關係、成就事業的重要保證。

舜敬父愛弟，可他的弟弟象，表面看起來敬兄，內心卻總想害死他。有一次，他們倆去挖井，舜正在井內勞作，象卻突然把井口封死。象以為舜必死，就想打他夫人的主意，於是來到舜的家裡。不料，舜大難不死，已從井的另一個出口脫身回到家裡。

象剛進門，見舜在彈琴，只好尷尬地說：「我正惦記著你呢。」

舜只是平靜地說：「多謝你的美意。你真是我的好兄弟，以後你協助我一起管理臣民吧。」

舜有如此廣闊的胸懷，是他成就一代帝王大業的重要基礎。

一個從來都不願意或者不想吃虧的人，反而會吃虧更多；而一個把吃虧視爲對自己的鍛煉、是一種福氣的人，吃的虧則會越來越少，乃至無虧可吃。事物往往就是這樣辯證存在的。

曾國藩說過：「敬以持躬，讓以待。敬就要小心翼翼，事情不分大小，都不敢忽視；讓，就什麼事都留有餘地，有功不獨居，有錯不推諉。念念不忘這兩句話，就能長期履行大任，福祚無量。」

在生活中，人與人交往，必須共同遵守一個準則，才不至於亂套，這就是對待人的道理。對待人的道理，最高的準則，就在於儒家所提倡的「一切在於求取最完美、最高尚的道德」。

能有所追求，一方面在心中有所堅守，另一方面在執行時有所遵循。這就是準則，也有人稱爲規範。有時，我們如果能以寬容的心境和幽默的態度對待他人有意或無意施加的羞辱和難堪，往往可以從消極的情緒中解脫出來，阻止事態向惡性方向發展。

春秋時期，孔子在鄭國與弟子們失散了，他只好獨自站在城東門等候。一個鄭國人對孔子的弟子子貢說：「東門有個人，長得奇形怪狀，累得好像喪家之狗。」子貢把這句話告訴了自己的老師，孔子坦然笑道：「說我像喪家之狗？確實是這樣，是這樣的啊！」作為一代宗師的孔子居然能在學生面前對這種侮辱性的語言一笑了之，的確表現出了萬世師表的氣度。

蘇東坡的《河豚魚說》中記敘了這樣一個故事：南方的河裡有一條河豚，游到一座橋下，撞在橋柱上。牠不怪自己不小心，也不想繞過橋柱，反而生起氣來，認為是橋柱撞了自己。牠氣得張開嘴，豎起頜旁的鰭，脹起肚子，漂在水面上，很長時間一動也不動。飛過的老鷹看見了，一把抓起牠，把牠的肚子撕裂。這條河豚就這樣成了老鷹的盤中餐。

蘇東坡就此發議論說：世上總有在不應該發怒的時候發怒，結果遭到了不幸的人，就像這條河豚，「因游而觸物，不知罪己」，不去改正自己的錯誤，卻「妄肆其仇，至於磔腹而死」，真是可悲！

所以，先賢教導我們「吃虧是福」。吃虧表面上看起來是一件壞事，但是任何一件壞事中都包含著積極的因素，只要找到這些積極因素，你就能從吃虧中得到很多，比如鍛煉、經驗、教訓、警示等。

在日常生活中，當自己的利益和別人的利益發生衝突，友誼和利益不可兼得時，首先要考慮捨利取義，寧可自己吃一點虧。鄭板橋曾說過：「吃虧是福。」這絕不是阿Q式的自我安慰，而是他一生閱歷的高度概括和總結。

# 4 抱殘守缺，不苛求完美

人無完人。與人相處時，不必苛求對方，而應以寬容接納的心態對待對方，容許對方的缺點存在。

「水至清則無魚，人至察則無徒。」與人相處時，不要用放大鏡看對方的缺點，而應該用放大鏡看對方的優點。過分地追求完美，不斷地指責他人的過錯，會讓你失去朋友和合作夥伴。只有包容別人的缺點和過失，才能贏得人心。尤其是身處高位者，更應該有容人之量，這樣才能使別人願意追隨在左右，心甘情願地爲之出生入死。

曾國藩初辦團練時，沒有任何錢糧，沒有一兵一卒，但他能夠突破深厚的宗族觀念、地域觀念，敢於重用有識之士，使得好多人願意為他盡忠效勞，這都得益於他坦蕩的胸襟和識才善用的本領。曾國藩常告誡他的幕僚和兄弟，斷不可輕視有一技之長者：「人才難得，恐因小瑕而遽去有用之才也。」

「金無足赤，人無完人」的道理似乎每個人都知道，但還是有很多人做事做人都力求十全十美，結果弄得自己身心俱疲，還因為不能達到自己的期望而生出許多怨恨，導致自己情緒不暢，嚴重者還會心理失衡。

曾國藩被後人稱為「聖人」，可見其修養之高。但是，就連他也明白，追求十全十美是不現實的。

曾國藩在年輕時就意識到自己的長相和性格都存在缺憾：三角眼，個子不高，性格內向，不太合群。然而，他並沒有因此而悲觀或抱怨，相反，他認為長相不出眾反而可以讓自己避開眾人的關注，靜下心來韜光養晦；性格內向恰恰是沉穩的體現，遇事可以做到處變不驚。

曾國藩是一個文人，也是一個大儒。他並不是不愛花好月圓，而是他洞悉了「花無百日香，人無百日好」、「月有陰晴圓缺，人有悲歡離合」、「人無遠慮，必有近憂」的規律，不再強求花開不敗、月圓不缺。他知道花開月圓是短暫的偶然，而花不開月不圓才是常態。他曾說：「天有孤虛，地闕東南，天地都有不足，何況人？故人有所缺憾才是真實的。日月都不能追求圓滿，何況人？故人應當有所欠缺才好。」

世人都有這樣或那樣的缺憾，也正因爲世人都追求圓滿完整，所以難免存在一些怨憤之心、嫉妒之心。追求完美縱然是一種美好的精神嚮往，但在現實生活中，過於苛求的習慣常常會使人陷入被動的局面。追求完美的人極易憤怒，跟別人一起做事時，如果對方不按自己的要求來做，就會覺得如坐針氈，因此很難與別人融洽相處；追求完美的人在與人合作時會百般挑剔，容易傷害別人的自尊心，挫傷他人的積極性；追求完美的人總會爲自己設立高不可攀的目標，但曲高和寡，難以獲得別人的支持，自己也會因此陷入孤獨的境地；追求完美的人在某些事情未完成時，會產生相當強烈的焦慮感，一旦達不到，就會深深自責，痛悔不已，無法自拔……

這些人認爲，追求完美是對生活負責，殊不知，完美就如同一個陷阱，是一種主觀臆想的無底洞，它沒有標準，無法丈量，只會讓人徒增煩惱。人生在世不可能處處圓滿，不是這裡有不足，就是那裡有欠缺。所以，不必費盡心機去追求完美。抱殘守缺，也不失爲一種聰明的處世之道。

# 第八章

## 論危機——長存敬畏之心，才是惜福之道

曾國藩語錄：

如果能夠在平常就時時處處告誡自己多加警惕，就不會有失足落敗的時候，也不會授人以柄，更不會自掘陷阱。

## 1 位高權重者，要時時如履薄冰

古時讀書人「學而優則仕」既是一種傳統，也是讀書人普遍追求的目標。但凡做了官的人，都想一升再升、青雲直上。只不過，官場歷來多凶險，少有能善始善終者！但曾國藩在晚清混沌的時局中卻做到了善始善終，不僅做到了，而且做得非常好，所以才會被後人稱爲「聖人」、「完人」。

那麼，曾國藩是怎麼做到的呢？

曾國藩所處的晚清時代是一個內憂外患、腐朽黑暗的時代，是中國歷史上最爲不堪的時代，這樣的時代人人自危，任何事情都可能發生。也正是在這樣的時局中，曾國藩保持了足夠的警惕性，用他自己的話說，就是「做官之人，終身涉危蹈險，如履薄冰，故不能不自省、察人」。而他的如履薄冰，也正像懸在頭上的一口長鳴警鐘，時刻提醒著他，使他不敢有絲毫的懈怠。

曾國藩認為，身居高位的規律，大約有三種：一是不參與，就像是與自己沒有絲毫的交涉；二是沒有結局，如古人所說的「一天比一天謹慎，唯恐高位不長久」，身居高位、行走危險之地，而能夠善終的人太少了；三是不勝任，《周易》中有句話大意是說：「鼎折斷足，鼎中的食物便傾倒出來，這種情形很可怕。」說的就是不勝其任。方苞說漢文帝做皇帝，時時謙讓，好像有能力不足以居其位的意思，這難道不是他在不勝任這方面有體會嗎？孟子說周公看到有與自己意見不同的人時，便會仰天思慮事情的原委，看看是不是錯在自己，這難道不是在唯恐沒有結局的道理上有體會嗎？越走向高位，失敗的可能性就越大，慘敗的結局就越多。因為「高處不勝寒」啊！因此，每升遷一次，就要以十倍於從前的謹慎來處理各種事務，才能保全自己，善始善終。

曾國藩詳細闡發說，國君把生殺予奪之權授給了督撫將帥，如東家把銀錢貨物授給了店中眾位夥計。如果保舉太濫，對權力不甚愛惜，就好比低價出售或者浪費財物一樣。介之推說：「偷人家的錢財，還會被說成是盜，更何況是貪天之功而說成是自己的力量呢！」曾國藩引申說：「偷人家錢財，還會被說成是盜，更何況是借國君之名器去獲取私利呢！」

曾國藩認為，利用職權牟取私利，註定要自食惡果。一事想貪，則可能事事想貪；一時想貪，則可能時時想貪。在這個方面，應視手中的權勢如虛無，才能少生無妄之念。

曾國藩涉世很深，謹慎異常。他曾經說：「做官的人，比一般人辦事方便得多。做大官的人，往往他想都沒有想到，就已有人幫他把事辦好了。不僅他自己是這樣，他的家人往往也是一言九鼎，頤指氣使，翻手為雲，覆手為雨，無限風光盡被占。這就叫『一人得道，雞犬升天』。所以，位高權重的人，不能不對自己的行為特別小心，對自己家人的言語也當格外謹慎。」

一旦有人找他解決問題，他就會遵從祖父的做法：「銀錢則量力相助，辦事則竭力經營。」這是一種很智慧圓融，同時也不失體面的做法。他希望家人都這麼做，但有一條是不得違背的，那就是家人莫干預公事。

早在道光年間，曾國藩就囑咐家人，千萬不能到衙門裡說公事。闖入衙門，一方面有失鄉紳的氣度，另一方面也會使曾國藩蒙受羞辱；同時，還會使地方長官難堪，甚至會被地方長官鄙視。所以，他多次囑咐家人，即使自家有事，寧願吃虧，也千萬不可與他人尋釁爭訟，以免被地方長官懷疑為仗勢欺人。

曾國藩升任兩江總督後，權勢更大了，但他也更加謹慎了。他在給弟弟曾國荃的一封信中寫道：「捐務公事，我的意思是老弟絕不多說一句話為妙。大凡人官運極盛的時候，他們的子弟經手去辦公務也是格外順手，一唱百和，一和百應。然而，閒言碎語也由此而起，怨恨誹謗也由此而生。所以，我們兄弟應在極盛之時預先設想到衰落之時，在盛時百事平順之際預先考慮到衰時百事拂逆之際。弟弟你以後到長沙、去衡州、回湘鄉，應把不干預公務作為第一重要的原則。這是為兄我閱歷極深之言，望弟千萬銘記在心。」

至於不終、不勝，曾國藩則更深有體會，他說：「陸遊說能長壽就像得到富貴一樣，開始我不知道他的意思，不知不覺中就擠進老年人的行列中了。我近來混了個虛浮的名譽，也不清楚是什麼原因就得到了這個美好的聲名。古代人獲得大的名聲的時候，正是艱苦卓絕的時候，通常不能順利地度過晚年！想到這些我不禁害怕，想要準備寫奏摺把這些權力辭掉，不要再管轄這四省，害怕背上不勝其任、以小人居君子的罪名。」

曾國藩雖身居高位，仍時時如履薄冰，終得以善始善終，功成身退。

很多時候，即便準備得再周密，也有可能出現疏漏，產生意外事件來打亂我們的計畫，正所謂「計畫沒有變化快」。這個時候，我們最需要謹慎的態度，才不至於自亂陣腳。其實，如果能夠在平常就時時處處告誡、警惕自己，就不會有失足落敗的時候，也不會授人以柄，更不會自掘陷阱。

# 2 以「慎」字掌人生之舵

俗話說「小心沒大錯」，做任何事情都需要小心謹慎。當然，謹慎算不上美德，卻是做大事必備的素質。《管子》中說：「其所謹慎者小，則其所立亦小；其所謹慎者大，則其所立亦大。」也就是說，一個人成就事業的大小和其謹慎程度是成正比的。大儒朱熹說：「真正的大英雄，卻從戰戰兢兢、臨深履薄處做將出來。若是血氣粗豪，卻一點使不著也。」

小心謹慎可成大事，這是古代先賢經歷無數磨難後總結出來的人生道理。無論是為人、做事，還是做官，都需要謹慎。諸葛亮一生謹慎，曾國藩奉諸葛亮為楷模，以「慎」字掌人生之舵，宦海浮沉，有驚無險。

曾國藩生性謹慎，又注重自身的修養，在官場沉浮多年，更加養成了小心謹慎的行事方式。同治九年五月，曾國藩做了這樣的對聯：「戰戰兢兢，即生時不忘地獄；坦坦蕩蕩，雖逆境亦暢天懷。」從對聯中我們就可以看出曾國藩謹慎的處世哲學。

同治二年九月，曾國藩在給李鴻章的信中說：「國藩敗挫多年，慎極生葸，常恐一處失利，全域瓦解，心所謂危，不敢不告也。」曾國藩之所以如此謹慎，是經歷過痛苦後的經驗教訓。

曾國藩早年親自指揮湘軍作戰，總是敗多勝少，好幾次還差點兒全軍覆沒，他也曾為此痛悔不已，想自殺殉國。此外，同僚的攻擊、地方政府的不支持、朝廷的猜疑等，都讓他備受打擊。這些磨難讓他知道，小心方能駛得萬年船。

軍事上需要謹慎，在官場上更是如此。曾國藩能夠位極人臣，和他的小心謹慎有很大關係。可以毫不誇張地說，他的每一天都是在戰戰兢兢中度過的，而且官做得越大越是謹慎。

曾國藩的仕途充滿了磕磕絆絆，但好在沒有太大的困局，在那個動盪、人人自危的時代，能像曾國藩這樣，官做得如此之大卻如此之穩的只有他一人。這倒不是說他的運氣好，沒有站錯隊，而是他做事、做官從來都小心謹慎，對自己的一言一行也歷來思之甚深。所以，他才能一次次全身而退，保全自己。

曾國藩在寫給友人的信中說：「吾輩久居高位，一有不慎，名聲即損，唯小心謹慎，時時若有愆尤在身，則自然無過矣。」

他在《書贈仲弟六則》中，將「慎」字專列為一則，說：「古人曰欽、曰敬、曰謹、曰虔恭、曰祇懼，皆慎字之義也。慎者，有所畏憚之謂也。居心不循天理，則畏天怒；做事不順人情，則畏人言。少賤則畏父師、畏官長，老年則畏後生之竊議，高位則畏僚屬之指摘。凡人方寸有所畏憚，則過必不大，鬼神必從而原之。」

簡言之，就是「慎」即有所畏懼。只要有所畏懼，辦事就會認真，就會多加準備，就會思慮周詳，就不會掉以輕心，更不會驕傲自滿，自然就不會因此而導致失敗。

呂坤說：「慎一分者得一分，忽一分者失一分，全慎全得，全忽全失。」道理很淺顯，但真正能做到的卻不多。曾國藩做到了，而且做得很成功，這很值得我們學習和借鑑。

# 3 恪守名分，不越雷池半步

不越雷池半步，不僅是一種恪守本分，而且是一種人生智慧，是一種做人的操守。

可以說曾國藩曾經擁有決定中國歷史走向的實力，也曾經有黃袍加身的可能，但這些都被他主動放棄了。或許會有人說他傻，錯過了大好良機，一腔鴻志也失去了最大的施展空間。但對曾國藩來說，這些都不是他所追求的。在他心中，儒家忠君報國的思想才是根深蒂固的，而他也一直極力推崇「忠義」二字。

在給弟弟的家書中，他這樣寫道：「吾輩所以忝竊虛名，為眾所附者，全憑『忠義』二字。不忘君，謂之忠；不失信於友，謂之義。」

由此可以清晰看出，曾國藩思想中的「忠」是忠於君主，也就是忠於國家民族。在他眼裡，君主就是國家，國家就是君主。

「了卻君王天下事，贏得生前身後名。」曾國藩於太平天國起義爆發後不久，受命到長沙幫湖南巡撫辦團練，抵抗太平軍的節節進犯。從此，他個人的生死已經同封建王朝的興衰緊緊聯繫在了一起。把自己的聰明才智奉獻給清王朝，維護清王朝的統治，是曾國藩爲國盡忠的基本表現形式。

曾國藩信奉「君雖不仁，臣不可以不忠」，正是由於這一點，曾國藩身爲一個漢族地主才得以取得清政府的信任，從一個幫辦地方團練的編外人員逐步走向權力的頂峰，用「權傾朝野」四個字來形容也不爲過。曾國藩能有如此顯赫的地位，固然跟當時清政府面臨的險惡軍事局面有關，更重要的還是他表現出的赤膽忠心，使清政府能放心地讓他去擔當剿滅太平軍的重任。

他還要求身邊的人也要爲國盡忠。在寫給子侄的家書中，他屢次強調，無論是在家還是外出遠遊，無論是在朝爲官還是在野爲民，都要關心國家大事，想方設法地維護正常的封建統治秩序，維護傳統的倫理道德。爲此，他還專門寫了一副對聯：「入孝出忠，光大門第；親師取友，教育後昆。」

孔子說：「君子素其位而行，不願乎其外。」意思是說，君子要安於現在所處的地位去做應做的事，不生非分之想。

素位而行，近於《大學》裡面所說的「知其所止」，換句話說，就叫安守本分，也就是人們常說的安分守己。這種安分守己是對現狀的積極適應、處置，是什麼角色，就做好什麼事。爲人處世要量力而行，不可好高騖遠，「這山望著那山高」，否則只會撿了芝麻丟了西瓜，甚至連芝麻也丟了。

人能守本分，才能盡本事。但是很多人只是想展現自己的本事，希望得到更多人的羨慕和稱讚，以滿足自己的虛榮心，卻不願守住本分，最終導致人生走向脫序違規。所謂「沒有規矩不成方圓」，人之所以爲人，就是因爲懂得遵守一定的社會規則和道德規範。相對於很多形成條文的規章制度，那些全憑人們自覺和修養來遵守的規範，更能考驗一個人的品質。

# 4 榮耀不可過早用盡

一個人即使有很大的榮耀，也不要過早使用它，更不要把它用盡了，而應當保持低調的態度。否則，過早享盡榮耀，儘管當時可能會很風光、很快意，但惡的因素也會隨之滋生，遲早會為此付出代價。

有福不可享盡，有勢不可用盡，這句話原本的出處是來自宋代法演禪師的故事。

佛鑒禪師應舒州太平寺之請去做住持，臨行前五祖法演對他訓示說：「當一個住持，有四件事要特別注意，第一，權力不可用盡；第二，福氣不可享盡；第三，規矩不可管盡；第四，好話不可說盡。」

為什麼呢？讚美的話說得太多了，人心就會產生變化；規矩執行得過嚴，就會迫使人去鑽旁門左道；好處自己享用盡了，勢必會被人孤立；無限擴張權力，禍事必定會發生。

後來就演變成「法演四戒」：勢不可以使盡，使盡則禍必至；福不可以受盡，受盡則緣必孤；話不可以說盡，說盡則人必易；規矩不可行盡，行盡則事必繁。

曾國藩也很認同這個道理，所以常以「花未全開月未滿圓」來勸誡自己浮躁的好勝心，控制自己的前進節奏。

曾國藩通過研究歷史發現：大多數官宦之家基本上經歷一代就衰落了，有的甚至徹底衰敗。但同時他也發現，一個富有卻低調的商賈之家卻可以延續三四代，簡樸的耕讀之家可以延續五六代，而如果是孝道之家，則可能延續八代到十代。這個研究發現讓曾國藩驚出了一身冷汗，因此，他教導自己的子女，同時自己也堅決地做到不過早享受榮耀。

在曾國藩被提拔為朝廷的三品大員後，按朝廷的規定，可以把藍呢轎換成綠呢轎，同時護轎的人也可以再增加兩個，而且要配備引路官和戈什哈（護衛）。這是朝廷對官員的待遇，也是身分和地位的象徵。其他人都是這麼做的，但曾國藩卻沒有，不但轎子還是藍呢轎，連引路官和扶轎的人也都省了，只是增加了兩名戈什哈。

很多時候，人們常被眼前的榮耀迷惑，不明白「知足不辱，知止不殆，可以長久」的道理，不知道適當的放棄反能贏得更多，以致忽視了對生活樂趣的享受和對生命境界的提升，使榮耀發揮了反作用。

所謂「否極泰來」、「物極必反」，任何一件事情發展到了極致，就必然會朝著相反的方向轉化，正所謂「花無百日紅」。樹上的果子熟透了就會自己落下來，摔得遍體鱗傷，而那些還沒有熟透的果子則可以穩坐枝頭。

因此，榮耀不可過早享用，更不可用盡。否則，就不是在享受榮耀，而是在受罪了。

# 5 廉潔奉公，不占半分便宜

明代人楊繼盛曾經在臨終前囑咐他的兒子道：「寧讓人，勿使人讓；吾寧容人，勿使人容；吾寧吃人虧，勿使人吃吾之虧；寧受人氣，勿使人受吾之氣。人有恩於吾，則終身不忘；人有仇於吾，則即時丟過。」其中，他就提到了寧願自己吃虧，也不要占人家的便宜。這句話蘊藏著他對人性的徹悟，蘊藉著豐富的人生奧義。

曾國藩對於佔便宜一類的事情也有自己的理解。他認為：那些用銀兩施恩於自己的人基本上都是另有所圖，這些恩惠都是釣餌。萬一將來自己做了總督或者學政，不理他們吧，失之刻薄；理會他們吧，即使十倍相報，也不能滿足他們的欲望。

正是出於這種顧慮，曾國藩在京城做官的八年時間裡，從來不肯輕易接受他人的恩惠，也不肯占別人半分便宜。從他的書信中可以瞭解到，雖然他在北京做官，但由於經濟緊張，還是欠了一千兩銀子的債，後來回家又需要幾百兩的路費，他感歎「甚難措辦」。即便如此，他也沒有想著通過占別人便宜來補貼自己的生活。

在曾國藩京城的寓所裡，根本看不到什麼值錢的東西，除了正常擺設，只有兩樣東西，一是書籍，一是衣服。衣服是人必不可少的，而書籍是曾國藩一生的嗜好。即便只有這兩樣東西，曾國藩也表示，將來退休以後，除了適合夫人穿的衣服外，其他都與兄弟五人抓鬮平分。所有的書籍一律收藏於「利見齋」中，無論兄弟還是後輩都不得私自拿走一本。除了這兩樣東西，曾國藩說他絕不保留其他東西。

曾國藩深知，做大官的人，做官做久了的人，很容易產生驕傲和奢侈的壞習氣，因為他也曾在不知不覺中奢侈過。

一天，魁時若將軍與曾國藩談心，說他家四代都是一品大官，而他家的女眷卻沒有穿戴過綢緞軟料。這給了曾國藩很大的震動，他開始反省自己，平日常常以「儉」字教人，而近來在飲食起居上卻「殊太豐厚」，自家的女眷在穿戴上也過於講究了。他「深恐享受太過，足以折福」。

為了表示自己清廉的決心，曾國藩還說：

「在幾個弟弟中，我對溫弟（曾國華）似乎過於嚴厲，但捫心自問，覺得還沒有對不起兄弟的地方。我不是信口開河，大凡做大官的人，對妻子兒女都特別照顧，對兄弟則失之刻薄；總是私肥自家，對親戚同族則失之刻薄。我自三十歲以來，就一直把升官發財當成一件可恥的事情，把將官囊積金留給子孫享用視為可羞或可恨的事情。所以，我暗中發誓，一定不靠做官發財，一定不把做官得到的錢財留給後人。蒼天在上，我絕不食言。如果俸祿較多，除了供奉父母衣食所需之外，全部用來救濟貧窮的親戚，這是我一向的願望。」

俗語說「人情是筆債」。你占了別人半分便宜，你就欠了別人半分人情，而這人情是必須要還的，而在還人情的過程中就有可能破壞自己的原則，危害自己的利益，得而不償失也！另外，如果一個人從一次佔便宜中嘗到了甜頭，一而再、再而三地佔便宜，就容易給人落下把柄，受人牽制。所以，我們要修身養性，克制自己的欲望，不應有半點佔便宜之心。

# 第九章

## 擇友論——良朋好友為人生第一要義

曾國藩語錄：

擇友乃人生第一要義。一生之成敗，皆關乎朋友賢否，不可不慎也。

# 1 選擇朋友，就是選擇自己的命運

當今社會，朋友對你的發展帶來的影響越來越大，所以，我們除了要努力增強自己的才能，還要注意搞好人際關係，讓自己有個好人緣，這樣才能適應日益激烈的競爭，並進而在競爭中取勝。

如果你希望在成功的道路上快馬揚鞭，就必須擁有良好的朋友。結交好的朋友不但可以得到感情的慰藉，還可以互相砥礪，共赴患難，在事業上共同進步。朋友之間，無論是志趣還是品德都會互相影響，從這個意義上說，選擇朋友就是選擇自己的命運。

我們常說「近朱者赤，近墨者黑」，朋友對我們的影響是很大的。古時候的人交友和現在有所不同，唐代詩人賈島曾經說：「君子忌苟合，擇友如求師。」

曾國藩擇友，注重的是對自己是不是有所裨益，結交的大都是高明之人、博雅之士。他反覆囑咐兄弟：「但取明師之益，無受損友之損。」

曾國藩深知朋友的重要，因此，他說：「擇友乃人生第一要義。一生之成敗，皆關乎朋友賢否，不可不慎也。」

曾國藩交友如此慎重，自然有擇友的原則和標準。他說：「若果威儀可測，淳實宏通，師之可也；若僅博雅能文，友之可也。」就是說，一個人若舉止端嚴、誠實通達，可以尊之為師；一個人若博學典雅、擅長詩文，可以待之為友。無論是尊為師還是結為友，都應當長存敬畏之心，不能視為與自己平等的人，漸漸地怠慢不敬，如果這樣，你將無法從對方身上獲得教益。

孔子說：「益者三友，損者三友。友直，友諒，友多聞，益矣。友便辟，友善柔，友便佞，損矣。」這句話的意思是說，益友有三種，損友也有三種。與那些待人耿直、寬容、博學多才的人交朋友有益處；與那些走邪門歪道、讒媚奉迎、花言巧語的人交朋友則有害。

選擇朋友對一個人的一生是非常重要的。結交益友，會促使你進步，在你陷入危難時，益友會鼎力相助；反之，結交損友，會讓你墮落，當你陷入困境時，損友會落井下石，讓你的處境雪上加霜。

生活在社會這個大集體中，我們的一生都在不斷地受到他人的影響，有可能是父母、師長對我們的諄諄教誨，也有可能是領導對我們的提拔，還有可能是同學、朋友在生活上的關心。從他們的身上，我們能夠更客觀地看清自己，認識社會。

所以，與人交往時，如果與對方有相同之處，往往更容易成爲朋友。俗話說：「物以類聚，人以群分。」相互之間有共同語言，交往起來自然就不會有溝通障礙。朋友資源網路中，具有相同工作或類似經驗的人越多，越有利於一個人從中汲取新知、增長見識，也更有助於看到自己的缺點與不足。而每個人的能力都是多樣化的，不可能只有一種，朋友資源網路越豐厚，不僅已有的朋友資源之間能力可能出現互補，還能吸引更多具有不同能力的人加入，使朋友資源網路涉及的範圍越來越廣，效能越來越強；對於個人而言，則有助於一個人發展成爲複合型人才。

# 2 結交對你有幫助的人

如果一個人會導致你的人生黯然失色，那麼，他就不是你理想的友伴，你應該轉而去結交那些能使你發出更大亮光的人。無論何時，你都應記住，跟成功的人交往可以孕育成功，跟失敗的人交往只能繼續失敗下去。

可以毫不誇張地說，唐鑒和倭仁兩位理學大師對曾國藩的幫助是非常大的。唐鑒告老還鄉後，咸豐帝連連召他入京，垂問軍國大計。唐鑒向咸豐帝舉薦曾國藩，請皇上任命他為湖南團練大臣，授給他便宜行事之權，並且詳細地向皇上講述了曾國藩的出身、學問、為人、才幹，說「曾滌生才堪大用，為忠誠謀國之臣」。他還以自己的一生名望作擔保，請咸豐帝堅信曾國藩將來必成大事。一八五三年一月八日，曾國藩接到了幫辦湖南團練的旨意。而逐漸崛起、強大的湘軍則成了曾國藩之後倚重的主要力量。

倭仁點撥了曾國藩很多為人處世之道和修身養性之法，這些雖然沒有唐鑒的舉薦來得直接，卻是最讓曾國藩一生享用不盡的財富。

這兩位理學大師對曾國藩來說，就是可以尊之為師的人。

曾國藩本人有高遠之志，在他身邊也集結了不少有志之士。曾國藩赴京趕考，路過長沙認識了「少有志節」的劉蓉，又通過劉蓉認識了正在長沙參加鄉試的郭嵩燾。因為三人志趣相投，於是「為昆弟交，以學問相切磨」。這三人「均志大氣盛，自視頗高，以著述立言相期許」，「其志不在溫飽」。他們經常一起砥礪志向、學問，彼此都從中獲得了很大的啟發和激勵。後來，此二人皆成為曾國藩政治、軍事生涯中的重要助手。

在京經由郭嵩燾引見，曾國藩認識了江忠源。江忠源有血性、有膽識，被曾國藩視為必誠必信的俠義之士、京中絕無的人才。後來，江忠源成了湘軍的重要幹將，官至巡撫。

羅澤南與曾國藩同是湘鄉人，他的家境十分貧寒，卻能「溺苦於學，夜無油柱燈，則把卷讀月下，倦則露宿達旦」。他研究程朱理學，標榜自己是宋儒，時人非常推崇他的道德學問。年輕時，他連遭不幸，喪母、喪兄嫂相伴而來，繼而長子、次子、三子連喪，其妻哭三子之喪，雙目失明，羅澤南卻並未因如此沉痛的打擊而一蹶不振，反而「益自刻厲，不憂門庭多故，而憂所學不能拔俗而入聖，不憂無術以資生，而憂無術以濟天下」。曾國藩對他十分敬重，常在書信中表示敬慕之意，稱他為家鄉的顏淵。太平軍攻入湖南後，羅澤南在家鄉率領自己的學生組織團練抵抗太平軍，後來成為曾國藩創辦湘軍的基本力量之一。

曾國藩結交的這些有志之士，爲他事業的成功奠定了堅實的基礎。

很多時候，人們出於自己的自卑心或虛榮心，更喜歡同不如自己或與自己不相伯仲的人親近，而排斥同優於自己的人來往，所以圈子裡絕大多數都是和自己一樣的普通人。久而久之，心態成了普通人的心態，思維成了普通人的思維，做出來的事也自然就是普通人的模式。

與之相反，胸懷大志向的人從不放任自己僅以個人喜好交友，只要是對自己有幫助、能提升自己各種能力的人，他們都樂意結交；而且對方越強，對他們的吸引力就越大。因爲他們明白，只有這樣，自己才能從優秀的人身上學到成功的秘密，汲取到更多有利於自己成長的東西。

## 3 交友要秉持「寧缺毋濫」的原則

朋友有益友和損友之分，所以，我們在選擇朋友的時候必須非常小心。要經過周密的考察，經過行動的考驗，通過這些判斷其是否值得信賴。如果發現他不適合做自己的朋友，就應該果斷與之斷絕關係，以免使自己受到不好的影響。

東漢末年的管寧與華歆從小在一起讀書，是非常要好的朋友。

一次，兩人下山去耕地，忽然從地裡翻出一個金元寶。管寧一點不動心，照舊幹活，華歆想私吞，看管寧無動於衷，只得放棄了金元寶。

又一次，兩人在一起讀書，一隊官兵從門外走過。管寧讀書如故，華歆卻跑到街上去看熱鬧。他看完之後跑回來說：「那當官的真闊氣，我們能這樣就好了。」

管寧聽了很厭惡，一刀把兩人同座的席子割成兩半。他說：「你不是我的朋友，往後別和我坐在一起。」

人們通常會根據你的朋友判斷你的爲人，所以千萬不要同不分是非、昏庸無能的人交朋友，這些人會因爲愚昧無知而幹壞事，他們造成的損失往往超過敵人的破壞。

魯迅先生贈給瞿秋白的一副對聯寫道：「人生得一知己足矣，斯世當以同懷視之。」的確，朋友不是用數量來衡量的。就算你有一堆朋友，如果這些人個個都是酒肉之徒，那他們非但不會給予你任何幫助，反而會把你拖下水，這樣的朋友不要也罷。

好朋友多多益善，壞朋友敬而遠之。蒼蠅不叮無縫的蛋，那些人品有問題的人之所以會成爲我們的朋友，主要原因還是在於我們自己沒有把握好交友的尺度，在交友的過程中忽略了對人品的考察，因一時的小恩小惠而與這樣的人結成朋友。與這類人長時間交往下去，我們也會逐漸墮落，喪失做人的原則，走上錯誤的道路。

朋友與書籍一樣，好的朋友不僅是良伴，也是我們的老師。

曾國藩回鄉為母親奔喪的那段時間，對是否出山辦團練猶豫不決。在進退兩難之際，他正是靠眾多好友的竭力相推和曉諭決斷，才做出了正確的選擇，從而使自己的事業獲得了成功。

一八五二年六月，曾國藩被授為江西省鄉試正考官，奏准回鄉探親。當他行到安徽時，忽然接到母親江氏去世的訃聞，隨即調轉方向，由九江登船，急急回原籍奔喪。曾國藩一到湖南，滿耳聽到的都是太平軍節節北上、清軍抵擋不住、形勢緊迫的消息。

其實，在曾國藩行到漢陽時，湖北巡撫常大淳便告訴他，長沙已經被太平軍圍困了。他只得由水路改走旱路，經湘陰、寧鄉到達湘鄉。正在這時，曾國藩突然接到了朝廷命他在家鄉辦團練的諭令。

咸豐皇帝讓曾國藩留鄉辦團練，既有一般性原因，又有特殊的背景。當時，太平軍聲勢浩大，清軍無力對抗。於是，清政府下令地方官辦團練，特別任命回籍的官員為團練大臣，讓他們利用人地兩熟的優勢，組織地方武裝，對抗太平軍。僅僅在一八五三年三月到四月間，咸豐皇帝就先後任命了四十五位官員為團練大臣，僅山東一省就有十三人，曾國藩也是在這時被任命為湖南團練大臣的。

當時，曾國藩熱孝在身，雖然接到了命令，但並沒有出山的意願。但是，隨著形勢的發展，曾國藩越來越感到難以決定是否出山辦團練。因為此時，太平軍在湖南的節節勝利激起了湖南地方官吏、地主和士人保護家園的激情，同時還有幾股力量影響著曾國藩。這幾股力量中，首先是他交往多年的湖南籍朋友，他們都主張讓他出山創辦武裝力量，鎮壓太平軍。比如，曾國藩向皇帝推薦的人才之一江忠源，早在道光末年，湖南農民反抗運動興起的時候，他就主動辦團練，與起義力量相對抗。聽說曾國藩回湖南辦團練，他多次來信，表示堅決支持。羅澤南也是曾國藩向皇帝推薦的人才，兩人直至曾國藩回家奔喪才得以見面。此時，羅澤南借著舉人身分和鄉村教師的地位，培植忠於清政府、仇恨農民起義的力量。其弟子如王鑫、李續賓、李續宜、蔣益澧、劉滕鴻、楊昌浚等人，後來都是湘軍的勇將。曾國藩回籍後，羅澤南正在辦團練，他感念曾國藩對他的知遇之恩，所以極力勸說曾國藩出山領導地方團練。其次，湖南地方官也力請曾國藩出山。太平軍圍攻長沙之前，雲南巡撫張亮基調任湖南巡撫，趕赴長沙抗拒太平軍。當時，身為舉人、鄉村教師的左宗棠投軍做了張亮基的幕僚。左宗棠向張亮基推薦了曾國藩，請曾國藩出山協助鎮壓太平軍。張亮基一邊上奏請求皇帝下旨令曾國藩出山，一邊給曾國藩寫信，邀他前來相助。

但曾國藩仍然有所顧慮。這時，他母親的靈柩還沒有安葬，此時出山，有違守孝大禮。他滿口講孝道，如果自己違反，擔心遭到別人恥笑。另外，他是一名文官，不懂兵法，投身戰場需要有打仗的真本事，在打仗的時候肯定會碰到巨大磨難，如果處理不善，只怕連性命都保不住。還有，他已經看透了官場的腐敗，深知想要辦成這件事情，障礙重重，率兵打仗，要人、要槍、要餉，必然要同各級官員打交道，辦起來一定很難。想到這裡，他一邊寫信拒絕張亮基的邀請，一邊寫折辭謝皇帝的命令，請求在籍守孝三年。

恰在此時，又傳來太平軍攻克武漢、準備反攻湖南的消息。張亮基又命郭嵩燾連夜趕至曾國藩家，勸說曾國藩出山。郭嵩燾與曾國藩是至交，雖然幾年不見，但書信從未間斷。他與曾國藩一樣是翰林出身，也因為母故回鄉守孝。太平軍攻湖南，他主動到張亮基處出謀劃策，也是他主動要求到曾國藩家遊說其出山的。

郭嵩燾來到曾家，在曾家兄弟的陪同下祭奠了曾母。之後，他當著曾家兄弟的面剖析了出山辦團練的利害關係，敦請曾國藩出山。郭嵩燾告訴曾家兄弟，自唐鑒推舉曾國藩之後，皇帝又徵詢了恭親王及內閣大學士肅順的意見，二人都竭力保舉，他們都認為曾國藩是林則徐一類的報國忠臣。如今，要想戰勝太平軍，非得這樣的人物出山不可。曾國藩在朝中與恭親王、肅順都有接觸，認為二人各有優長，都是皇親貴族中的拔尖人物。現在，有恭親王、肅順在朝中支持，不怕地方的事不好辦。曾國藩怕消息不準，郭嵩燾便取出好友周壽昌的親筆信。周是長沙人，翰林出身，當時為侍講學士，是京官中聞名的「百事通」、「包打聽」，他的消息既快又準，絕對無誤。

經過一番有理有據的勸說，郭嵩燾終於消除了曾國藩的猶豫。郭嵩燾還向曾國藩介紹了湖南巡撫張亮基的殷切相盼及張的愛惜賢才、與人為善，還有左宗棠的大才可用等情況。郭嵩燾的一席話終於打消了曾國藩的重重顧慮，曾國藩決定應命出山。但他又怕在守孝時出山，被人譏笑。郭嵩燾說，現在國家正是用人之計，皇帝下令讓回籍的官員就地舉辦團練，已經有多人在守孝時期出山辦團練。如果認為尚有不便，可由郭嵩燾出面請曾父出來催促，上應皇命，下應父命，名正言順。曾國藩的父親曾麟書此時正是湘鄉縣的掛名團總，當郭嵩燾說讓曾國藩應命出山時，他立即表示贊同，面諭兒子移孝就忠，為朝廷效力。

不久，太平軍攻陷湖北武漢。咸豐皇帝急下旨催促曾國藩等人組織團練，奔往前線，抵抗太平軍。曾國藩安排了家中之事後，準備出發，他的幾個弟弟都願隨他離家參戰，曾國藩只答應帶曾國葆一人離家，叮囑曾國荃、曾國華先在家守孝，等待時機。之後，他再祭母靈，求母親原諒他難盡孝道。而後他「墨絰出山」，盡忠國家，從此走上了清代「中興第一名臣」的道路。

正是因為曾國藩在平日注意結交朋友，在關鍵時刻才有這麼多朋友幫他做出正確決斷，使他逐漸走向成功。如果沒有這些朋友的鼎力輔助，他可能一開始就會放棄團練，錯過大展宏圖的機會，其命運也可能就此改變。

所以，我們要多和那些人格、品行、學問、道德都勝過自己的人交往，儘量汲取種種對自己生命有益的養分。這樣可以提高我們的理想和志向，激勵自己更趨於高尚，激發出自己對事業更大的熱情和幹勁。

當然，友誼也不是一廂情願的事，朋友之間必須是互動的，只有不斷提升自己，才能在更高層次上結交更好的朋友。結交朋友，就要重視朋友，做任何事都不能以犧牲友誼爲代價。即便是失去一點社會地位，或影響到自己的事業，也要讓友誼之花常開。一個人的成功、快樂和價值的體現，與他擁有朋友的多少以及朋友的品質有關。結交到越多比你優秀的朋友，你就會離成功越近。

# 4 四種方式，識別朋友的真偽

人們常說，察以其相，可以知人。對於生活閱歷豐富的人來說，更是如此。物以類聚，人以群分。只有性情相近、脾氣相投的人才能走到一起成爲朋友。如果一個人的朋友都是一些不三不四、不倫不類的人，他的素質就不會太高；如果他結交的都是些沒有道德修養的人，他自己的修養也不會太好。有的人交朋友以性格、脾氣取人，能說到一起就是朋友；有的人則以追求取人，有共同的追求就能成爲朋友；有的人因爲愛好相同而走到一起……無論如何，只有二人修養相當、品質差不多時，才能成爲永久性的朋友。所以，瞭解一個人的朋友，也就瞭解了這個人。

想瞭解一個人，還可以觀察他是怎樣對待別人的。

人在得意的時候，特別愛訴說他與別人在一起交往的情景，他說的時候是無意的，不會想到他與所描述者有什麼關係，所以一般比較真實。

如果對方當著你的面說自己如何占了別人的便宜、如何欺騙了對方等，那你以後就得對他注意點兒了，有可能他也會這麼對待你。

有一種人比較圓滑，看起來很會處世，卻總是當面一套、背後一套，在你面前說你如何如何好，別人如何如何不好。聰明的人得警惕這種人，因爲他在背後說別人壞，就有可能在你背後說你壞。

有一種人可能會當面批評你，指出你的缺點，同時又在你面前誇獎別人的優點。你也許不願接受他這種直率，但這種人卻非常值得信賴。

另外，看一個人如何對待妻子、兒女、父母，也可以分析出這人是否有責任感，是否自私自利。

你可以通過他是否按時回家、有急事時是否想著通知家人、說起家人時是否很親切等細節，看出他對家人的態度。一個不把家人放在心上的人，更不會把朋友放在心上。這種人心裡只裝著自己，只關心自己的得失安危，根本就不會想到朋友。所以，交往時要注意儘量不要與那些沒有家庭觀念的人結交。

知己知彼，百戰不殆。一般來說，與人交往之前，可運用以下四種方式對其進行具體考量。

**・以自己的感覺為依據**

自己的感覺是最可靠的，唯有自己的感覺不會欺騙自己，所以，評價一個人好壞，不能聽信別人，更不能人云亦云。當然，當你所要接近的人聲名狼藉已經達到眾所周知的程度時，你必須要小心，以免受害。

**・重在表現，既要聽其言，更要觀其行**

生活中不乏口是心非的人，如果只聽其誇誇之談，顯然容易被誤導。只有行動能暴露出一個人的本質，也只有經過對其具體行動的考量，我們才能夠對他做出一個大致客觀的評價。具體考量時，需要從以下幾個方面入手。

第一，在關鍵時刻或者危急時刻瞭解他，以便看清他的性格、人品。

第二，通過他的工作瞭解他，可以判斷出他的工作能力和敬業程度。

第三，通過其他人瞭解他，可以判斷出他在人群中的形象、地位以及前途。

第四，通過他與別人的人際關係處理得好壞瞭解他，可以判斷出他在處理人際關係方面的能力。

第五，在是非中瞭解他，可以清楚地瞭解他的人格。

**・確立自己個人的分類標準**

一般來說，可以把周圍的人按照性格特徵來分類，或者按照人品來分類，讓他們一一對號入座，你心中就會有一個大致的交往之道。比如老張很踏實，應該多交往；小陳工作散漫，還喜歡說同事的壞話，要跟他保持距離，等等。

## ・長期觀察，隨時調整

人是極其複雜的動物，而且很多人都有多重人格，因而，想一次性瞭解透徹一個人極不現實。瞭解一個人，需要長期觀察，而不是在見面之初就對其好壞下結論。如此草率得出的結論，會因你個人的好惡而產生偏差，從而影響你們的交往。另外，在社會活動中，人爲了生存和利益，大部分都會戴著假面具，你所見到的是戴著假面具的「他」，並不是真正的「他」。這是一種有意識的行爲，這些假面具有可能只爲你而戴，而扮演的正是你喜歡的角色。如果你據此判斷一個人的好壞，並進而決定和他交往的程度，那就有可能吃虧上當。

在初次見面後，不管你和對方是「一見如故」還是「話不投機」，都要保留一些空間，在不摻雜主觀好惡的感情因素的情況下，冷靜地觀察對方的行爲。

一般來說，人再怎麼隱藏本性，終究會露出真面目，畢竟裝久了誰都會累，就像前臺演員一樣，一到後臺便會把面具摘下來。所謂「路遙知馬力，日久見人心」，只要你堅持細心地觀察，一定能找到自己的「知音」或「貴人」，並遠離那些心懷叵測之人。

# 第十章

## 用人論——打造和諧團隊

曾國藩語錄：

在選人方面堅持三個原則：要求不能過高；首選血性忠義之人；德才兼備，以德為重。

## 1 知人善任，要做到「五不」

「把合適的人放在合適的位置上」，這是我們現代人才管理中常說的一句話。很多人並不是沒有才能，而只是坐錯了位置，才導致自己的才能不能很好地發揮出來。因此，要想人盡其才，就得先才盡其用，這就需要領導者能夠做到知人善任、量才器使，這樣才能保證把合適的人放在合適的位置上，保證每個位置上的人都發揮出他們最大的潛能。

曾國藩生前能獲得「有知人之明」的讚譽，就是因爲他慧眼識人。曾國藩的原則是「收之欲其廣，用之欲其慎」，「採訪宜多，委用宜慎」，也就是在「廣收」的基礎上要「慎用」。他聲稱：「吾輩所慎之又慎者，只在『用人』二字上，此外竟無可著力之處。」這裡的「慎用」就是知人善任。

「慎用」的核心是量才器使。「徐察其才之大小而位置之」，用其所長，避其所短。薛福成稱曾國藩「凡於兵事、餉事、吏事、文事有一長者，無不優加獎譽，量才錄用」。

曾國藩對人的主觀能動性的深刻認識及對人才的重視和善用，在當時是出了名的。太平天國翼王石達開曾說：「曾國藩不以善戰名，而能識拔賢將。」左宗棠對此也有「知人之明，謀國之忠，自愧不如元輔」的感慨。這足以說明曾國藩知人善任。他最早培養提拔的「幹部」，後來大多都官至高位，封疆大吏也有多人。

曾國藩喜歡讀《史記・高祖本記》，特別欣賞劉邦贊稱蕭何、張良、韓信三人的一段話。劉邦文武平平，後得天下，可以說全在於用好了這三人，而使這三人各盡其才便是劉邦的本事。曾國藩以文人身分帶兵，深知自己打仗既無才，又無經驗，所以，他時刻不忘像劉邦那樣，選好人、用好人。

要真正做到知人善任、量才器使，首先要懂得如何去認識人。曾國藩主張「不可因微瑕而棄有用之才」。他寫信給弟弟說：「好人實難多得，弟為兄留心採訪。凡有一長一技者，兄斷不肯輕視。」有才不用，便是浪費；大才小用，也有損於事業；小才大用，則危害事業。曾國藩說：「雖有良藥，若不是對症下藥，也是形同廢物；雖有賢才，如果沒有發揮其作用，那麼與庸俗之輩也無什麼兩樣。棟樑之材不可用來建小茅屋，犛牛不可用來抓老鼠，駿馬不可用來守門，寶劍如用來劈柴則不如斧頭。用得合時合事，即使是平凡的人才也能發揮巨大作用，否則將終無所成。因而不擔心沒有人才，而擔心不能正確使用人才。」

為了「慎用」，必須對人才時時加以考察。曾國藩說：「所謂考察之法，何也？古者詢事、考言，二者並重。」就是說，要對下屬的辦事情況和言論情況同時進行考察，而曾國藩尤其注重下屬的建言。當時，「考九卿之賢否，但憑召見之應對；考科道之賢否，但憑三年之京察；考司道之賢否，但憑督撫之考語」。曾國藩說：「若使人人建言，參互質證，豈不更為核實乎？」通過建言，上司可以收到集思廣益的效果，也可以借此觀察下屬的才識深淺。

曾國藩幕府人才眾多，但沒有一個是濫竽充數的，個個都有真才實學。在量才錄用的基礎上，曾國藩用人所長，盡人所能，他幕府中的人有做封疆大吏的，有做水師將領的，有操辦對外貿易的，有擔任財務官的，有擔任秘書工作的，各種人才各展所長，這都是曾國藩推薦提拔的結果。

知人善任的例子，歷史上還有很多，比如：曹操讓作風正派、清正廉明的崔琰和毛玠去主持選拔官員的工作，他們兩個選拔推薦上來的果然都是德才兼備的人才；讓任勞任怨的棗祗和任峻兩個人去屯田，結果曹操的屯田制得到了貫徹和落實，獲得了豐厚的糧草和經濟基礎；曹操手下最負盛名的幾位將軍中，于禁、樂進拔於「行陣之間」，張遼、徐晃取於「亡虜之內」，「其餘拔出細微，登爲牧守者不可勝數」。其中，大將張遼獨當一面，曾經在逍遙津大敗孫權，差點活捉孫權。

知人善任，當然首先得有人才，廣納賢才只是使用人才的第一步。如果你招納的賢才很多，卻不能讓他們發揮自己最大的作用，就等於沒有人才。知人善任，包括知人與善任兩個相互聯繫的層面。「爲政之本，在於選賢」，選賢務必知人善任。知人就是要瞭解人，善任就是要用好人；知人是善任的前提，善任是知人的目的；通過知人以達到善任的目的，又在善任中進一步知人、識人。

知人，要做到「五不」：不以好惡而取才；不以妒謗而毀才；不以卑微而輕才；不以恭順而選才；不以小過而舍才。

善任，要做到「五堅持」：堅持德才兼備；堅持重用人才；堅持用人所長；堅持注重實績；堅持明責授權。

## 2 選對接班人很重要

俗話說「創業難，守業更難」。我們看到過太多這樣的事情：父輩花了幾十年時間辛辛苦苦創下的基業，等到了下一代手裡，沒過幾年就衰敗了。雖然時代和社會的變化是不可忽略的客觀因素，但最根本的原因還在於沒有選好接班人，或者說所選的接班人並不具備管理的才能。所以說，要想使基業保持長青，選對繼承人很關鍵。

咸豐八年，曾國藩率湘軍收復九江，李鴻章趕往九江，投奔曾國藩。由於兩個人有師生之誼，李鴻章以為事情會很順利，但沒想到曾國藩藉口軍務太忙，沒有見他，把他晾了一個月。後來經過陳鼐對曾國藩的勸說，李鴻章才進了曾國藩幕府。原來，曾國藩並不是不願接納李鴻章，而是看他心高氣傲，想挫一挫他的銳氣，打磨他的稜角。

曾國藩很講究修身養性，規定了「日課」，其中包括早上要早起，吃飯有定時，即便是在戰時也不例外。而且他規定，每頓飯必須等幕僚都到齊才能開始，差一個人都不能動筷子。

李鴻章一開始還能堅持，但是有一天，他假稱頭疼，沒有起床，想多睡一會兒。曾國藩派衛兵去請他吃早飯，他還是不肯起來。之後，曾國藩又接二連三地派人去催他。李鴻章沒有料到這點小事竟讓曾國藩動了肝火，慌忙披上衣服，匆匆趕到大營。他一入座，曾國藩才下令開飯。

吃飯時，大家一言不發。飯後，曾國藩把筷子一扔，板起面孔對李鴻章一字一板地說：「少荃，你既然到了我的幕下，我告訴你一句話：我這裡所崇尚的就是一個『誠』字。」說完便拂袖而去。

李鴻章從此以後，在曾國藩面前更加小心謹慎。

李鴻章素有文才，早在赴京途中就曾寫下膾炙人口的《入都》詩十首，為世所傳誦。曾國藩便讓他掌管文書事務，之後又讓他幫著批閱下屬公文，撰擬奏摺、書牘。李鴻章將這些交易處理得井井有條，甚為得體，深得曾國藩賞識。他當眾誇獎李鴻章：「少荃天資聰明，文才出眾，辦理公牘事務最適合，所有文稿都超過了別人，將來一定大有作為。『青出於藍而勝於藍』，將來也許要超過我的，好自為之吧。」

曾國藩也深知李才高氣盛，還要再經一番磨礪。於是，他平時儘量讓李鴻章參與核心機密的討論，將其與胡林翼、李續宜等大員同等看待。當時，湘軍幕府中有不少能言善辯之士，如李元度、左宗棠等人，曾國藩經常有意無意讓他們與李鴻章爭口舌之長，以挫其銳氣。至於曾國藩本人，更是身體力行，以自己的表率來影響李鴻章，前面講到的早起便是一例。每當遇到困難和挫折，曾國藩就大談「挺經」。如此苦心孤詣，使李鴻章的思想、性格乃至生活習慣都受到了潛移默化的影響。

後來，曾國藩和李鴻章在李元度的問題上產生了分歧，使得李鴻章離開了曾國藩的幕府，暫居南昌哥哥家中。咸豐十一年，太平軍在江浙取得突破性進展，清廷的稅賦重地岌岌可危，尤其是上海，正面臨著被太平軍佔領的危險。從清廷到江浙的地方官紳，都向曾國藩求援。曾國藩乘機寫信給李鴻章，懇切地請他回營相助。而李鴻章環顧左右，也確信當今可資「因依」而「賴以立功名」者只有曾國藩，因此捐棄前嫌，重新投身曾國藩幕府。於是，曾國藩安排李鴻章開始了淮軍的組建與招募工作。

同治元年，李鴻章臨行前，曾國藩囑咐他先把兵練好，不要急於出戰，吏治、洋務可以緩辦。只有練就精兵，學會作戰，才能站穩腳跟、飛黃騰達，否則將一事無成。針對李鴻章心高氣傲、急躁、任性這些致命弱點，曾國藩以「深沉」二字相勸，李續宜以「從容」二字規之，沈葆楨、李桓又以「勿急」相戒。李鴻章深受教益，他表示對於師友們的勸誡，「當奉為枕中秘」。

當今世界，全球化的競爭日趨激烈，企業對各階層的人員需求不斷增加，尤其對專業人才的管理能力及人際關係能力越來越重視，許多企業強化了接班人制度。在二十世紀八〇年代之前，企業管理層比較穩定，如果總經理突然發生意外，即可由副總經理接任。但現今環境飛速變遷，副總經理並非完全能勝任總經理的職務，再加上企業要面臨重組、簡化、併購、經理人離職或退休等各種意外事件，公司更需要有適當的接班人來擔任特定職位。

所以，公司在規劃接班人計畫時，必須做好下面三件事：

**・確定繼任者的領導風格，並且這種風格要符合公司的企業文化**

作爲公司的員工，只要跨入這個公司，就表明每個人都是符合公司組織文化的。而對於公司而言，在培育或找尋相關的接班人時，首先依然要多方面觀察或瞭解該候選人是不是符合企業的組織文化。常常有這樣的情況：一位在這個企業做得很好的領導人到了另一家企業就成績平平，甚至沒多久就離職了。這種情況絕大多數都是企業文化的差異造成的。

所以，企業有必要通過觀察候選人平日的行爲及工作成績，來瞭解候選人的行爲、態度、意願及動機、理念、價值觀，以便將來接任時，能夠有一致性的認同。

**・確認繼任者的知識、技術和能力是否足夠**

對於繼任者的選擇，除了由企業人力資源部門安排一整套合適的培訓考核之外，還必須留意繼任者的知識、技術和能力是否與未來工作相適應，而且還要根據不同候選人的性格特點制訂行動方案，並且隨時檢查學習進度，詳細地討論計畫是否需要修改或是否需要相關資料及工具。

**・儘量擴大人才資料庫**

企業在選擇繼任者時，要盡可能擴大候選人的來源。若是組織內部缺乏相關人員或數量不足，人力資源部門則要對外開展招募遴選規劃與任用安排。當然，在人員的挑選上，除了相同領域的人，也可以考慮不同領域的人員。另外，輪調也是可行的方式之一。

# 3 管理人才兩手都要硬

一個好的管理者，首先要能夠管理好手下的人才，發揮出他們最大的作用。在曾國藩看來，「得人不外四事，曰廣收、慎用、勤教、嚴繩」。廣收，就是廣泛招攬人才；慎用，就是仔細考察，通過多加培養和教育，合格了就加以重用；勤教，就是多教育、培養人才；嚴繩，就是培養、選拔時要有嚴格的標準。

管理人才除了要有嚴格的標準外，還有一個很重要的前提，那就是先瞭解人才，這樣才能做到有針對性、有區別性地管理人才。

劉銘傳生長在民風強悍的淮北平原，自小養成了天不怕地不怕的豪霸之氣。後來，他在亂世中自己拉起了一支隊伍。李鴻章奉命組建淮軍時，將他的隊伍募入淮軍，命名為「銘軍」，並給「銘軍」裝備了洋槍洋炮等近代武裝。這支隊伍為李鴻章建立功業出了不少力，但對於劉銘傳的驕傲狂妄，李鴻章也著實惱火。後來，曾國藩借用淮軍「剿撚」，李鴻章就把「銘軍」撥給了老師，希望曾國藩能夠薰陶、管教一下劉銘傳。

在「剿撚」過程中，劉銘傳軍與另一名悍將陳國瑞軍發生了爭鬥。事情發生後，關於怎麼處理，曾國藩犯了難。不處理吧，於事不公，雙方都不能平心靜氣，今後還會內訌；處理吧，這是李鴻章的屬下，且劉銘傳有勇有謀，又有洋槍洋炮，今後自己還要倚重他。後來，曾國藩想了個萬全之策，就是對劉銘傳進行了嚴厲斥責，嘴上說得狠，但對其過失不予追究，使他心生畏懼。這一招果然管用，不久，曾國藩就調「銘軍」獨自赴皖北去作戰了。

劉銘傳固然桀驁不馴，卻也是一個不可多得的將才。只要駕馭得當，就可以讓他多發揮打仗的才能。

而在處理同一事件的另一個當事人陳國瑞時，曾國藩成功收服了陳國瑞，使他死心塌地地跟著曾國藩拚殺疆場。

陳國瑞沒讀過書，性格耿直、倔強、暴躁，但打起仗來異常驍勇。他不僅敢打仗、會打仗，還總能以少勝多，臨陣決斷又有謀略，是個性情中人，喜歡聽人講《孟子》，對那些名儒很尊重、親近，既不好色又不貪財。他十五歲時，在家鄉湖北應城投了太平軍，後來又投降清軍，幾經輾轉被收在僧格林沁部下。曾國藩知道，只有讓他真心地服自己，才有可能在今後有效地使用他。

於是，曾國藩拿定主意，先以凜然不可侵犯的正氣打擊陳國瑞的囂張氣焰，繼而歷數他的劣跡暴行，使他知道自己的過錯和別人的評價；當他灰心喪氣、準備打退堂鼓時，曾國藩又話鋒一轉，表揚他的勇敢、不好色、不貪財等優點，稱讚他是個大有前途的將才，切不可因莽撞而毀了前程，使陳國瑞又重新振奮起來。緊接著，曾國藩坐到他面前，像平時談話那樣諄諄教導他，給他立下了不擾民、不私鬥、不抗令這三條規矩，一番話說得陳國瑞口服心服，無言可辯，只得唯唯退出。

但是，陳國瑞稟性難改，一回營就照樣不理睬曾國藩所下的命令。見此，曾國藩馬上請到聖旨，撤去陳國瑞軍職，剝去黃馬褂，責令戴罪立功，以觀後效，並且告訴他再不聽令就逮捕查辦。陳國瑞只好表示聽曾國藩的話，率領部隊開往指定地點。

曾國藩用軟硬兩手，成功制住了劉銘傳和陳國瑞這兩位驍勇之士。

由此，我們可以看到，領導者想要提高自己的統禦力，除了要懂得以情馭人的「溫柔之法」外，還應懂得強硬管束。對於一些實在不好管教、不受束縛的下屬，完全可以「心狠手辣」一點，讓他們要麼離職走人，要麼乖乖戴上「緊箍咒」。

如果管理者高高在上，工作上不體恤下屬的艱辛，生活上不關心下屬的困難，情感上不過問下屬的冷暖，這就完全背離了人性化管理的要求，是爲「不恩」；管理者雖然謙恭低調，但卻一味無原則地遷就下屬，對下屬的錯誤言行不予以指正，逐漸助長下屬的歪風邪氣，致使他們不聽指揮、不服管教、不受約束，是爲「不威」。毋庸置疑，這兩種極端做法都是要不得的。因此，管理者必須掌握恩威並重的管理藝術。

# 4 用鐵的紀律約束每一個成員

在用人方面賞罰分明，歷來是領導者統領隊伍、打造有戰鬥力的團隊的不二法則。諸葛亮揮淚斬馬謖是治軍賞罰分明的典型案例。曾國藩作爲湘軍統帥，自然也是深諳其道。

曾國藩很清楚自己在帶兵打仗方面缺乏才幹。他組建湘軍，一方面是作為朝廷命官被委以重任難以推辭，另一方面是自己心中有「成不朽功勳」的聖賢情結。曾國藩初建湘軍，一開始並未想要名揚天下，只是迫於朝廷的壓力，為了完成任務。然而，當時的清王朝貪賄成風、腐化墮落，導致國無良將、將無良兵，清軍在氣勢如虹的太平軍面前不堪一擊，甚至望風而逃。這讓曾國藩清楚地認識到，清軍潰敗的原因在於將領平日驕奢淫逸，兵士缺乏鬥志、貪生怕死。所以，創建湘軍時，曾國藩把賞罰分明、嚴肅軍紀放在了第一位，要求各部精誠團結、形如一體。

曾國藩對部屬的要求極為嚴格，立下的軍令必須做到。他認為，「視委員之尤不職者，撤參一二員，將司役之尤不良將，痛懲一輩」，如此，「自然人知做慎，可望振興」。他經常引用孫武演兵殺寵姬的故事來說明這個道理。

曾國藩是這麼說的，也是這麼做的。李元度是曾國藩的「辛苦久從之將」，曾國藩自稱與李「情誼之厚始終不渝」，在靖港、九江、樟樹鎮屢戰屢敗的艱難歲月中，他一再得到過李元度的有力支持，但李元度丟失徽州以後，曾國藩仍將其彈劾去職。

一八六〇年，太平軍攻打徽州。徽州得失干係重大，李元度領兵前去救援。因為李元度並不精於用兵，曾國藩怕他有閃失，就一再告誡要守住徽州，不得輕易接仗。

然而，當太平軍李世賢部來攻時，李元度卻違反了曾國藩「堅壁固守」的指令，出城迎戰，結果一敗塗地，丟失了徽州，犯了和當年馬謖類似的錯誤。

面對這種情況，曾國藩做了和當年諸葛亮差不多的事情。他倒是沒有揮淚斬李元度，而是在悔恨交加之餘，為嚴肅軍紀，決定上疏彈劾李元度。很多人都反對曾國藩這麼做，有的人甚至指責他背離恩義，有失恢宏之氣，李鴻章也表示要「率一幕人往爭」，但曾國藩仍不為所動，頂住壓力彈劾李元度。

李元度與曾國藩交情深厚，且立過大功，這樣的人違反軍令尚且會被彈劾，更別說別人了。這一轟動事件傳出後，眾將都很害怕，也更加瞭解了軍法無情，沒有任何商量的餘地。

公司的各種規定大都是老闆與高級管理者共同制訂出來的。如果這些規定只是給普通員工制訂的，就會在無形中告訴員工：管理者和員工是不一樣的，在同樣的錯誤面前，受到的「待遇」是截然不同的。這等於是把管理者分爲一派，把普通員工分爲一派，這樣很容易導致領導失去威信，不利於整個團隊凝聚力的形成。如果身爲管理者不希望公司出現這些不良後果，就要學會以身作則，爲普通員工樹立一個好的榜樣。

# 5 把握激勵的藝術

一個好的統帥想要讓手下爲自己「賣命」，就得知道怎樣調動手下的積極性和主動性。紀律歷來都是效率的保證，有鐵的紀律才能打造出鐵一樣的軍隊。但是，光約束不激勵是不行的。缺少激勵就缺少動力，缺少動力，員工自然就不會去「賣命」。

曾國藩很懂得用樹立功勳意識來激勵士氣。

在湘軍連續攻克湖南嶽州、湖北武昌與漢陽之後，曾國藩心想，打勝仗的湘軍將領可以按朝廷的規定升官，但他要如何感謝這一群陪他出生入死的湘軍弟兄呢？

曾國藩苦思了一天，決定命令屬下打造一百把精美的腰刀，在刀面上刻著「滌生（曾國藩的號）曾國藩贈」，每一把腰刀都有專屬的編號。

在須發腰刀的前一天晚上，曾國藩考慮了好久，決定只須發五十把腰刀，以彰顯立功軍官的身價。

第二天下午，曾國藩安排了一個隆重的授刀典禮，在操場集合了將近四百位元湘軍軍官，所有與會軍官都穿著正式的朝服，大家都翹首企盼曾國藩即將頒發的獎賞。

曾國藩在臺上命令兵勇抬出一個沉甸甸的木箱，現場所有人都睜大眼睛注視著曾國藩，心想：這編號第一號的腰刀會頒給誰呢？曾國藩用低沉的嗓音高喊：「湖南水路提督塔齊布！」隨後又陸續頒發了四十九把腰刀。

從此，曾國藩所贈的腰刀成為湘軍重要的獎勵象徵，每個人都在戰場上奮勇殺敵，希望能夠獲得這樣稀有的殊榮。

如今正處在一個飛速發展的變革時代，企業管理者們面臨著空前的壓力和挑戰。一個出色的企業領導者，必須具備推動企業發展、帶領員工前進的各種能力，而每一個員工所擁有的能力和他在工作中發揮出的能力往往是不對等的。一個人能力的發揮，在很大程度上取決於激勵。激勵就是充分發掘員工的潛能，調動員工的積極性，爲企業創造更多的價值和利潤。因此，管理者必須把握好激勵的藝術。

**・物質激勵和精神激勵相結合**

物質激勵是激勵的主要模式和手段，也是企業常用的激勵方式。但有些管理者認爲，只有獎金等物質激勵做足了，才能調動員工的積極性，於是不分工作輕重、責任大小、績效高低亂發獎金，結果耗資不少，激勵效果卻不佳；也有些企業在核心員工提出辭職時，首先想到的是如何用加薪來挽留，卻忽視了精神方面的激勵作用。物質激勵是基礎，精神激勵是根本。在現實工作中，管理者既要重視物質激勵，又要重視精神激勵，並把兩者有機地結合起來，才能充分調動員工的積極性和創造性，使之爲企業發展效力。

**・考慮個體差異，實行差別激勵**

影響員工工作積極性的因素，主要有工作性質、領導行爲、個人發展、人際關係、工資福利和工作環境等，在制訂激勵機制時一定要考慮到個體差異，因人而異。高學歷的知識型員工更注重自我價值的實現，既包括物質利益方面的訴求，也更需要精神方面的滿足。所以，企業管理者在制訂激勵機制時，一定要考慮到企業的特點和員工的個體差異，這樣才能收到最佳的激勵效果。

## ・正激勵與負激勵相結合

所謂正激勵，就是對下屬符合組織目標的期望行爲進行獎勵；負激勵，就是對下屬違反企業制度和法律法規的非期望行爲進行處罰。正負激勵都是必要而有效的，不僅作用於當事人，而且會間接地影響周圍其他人。企業管理者激勵下屬，必須堅持以正面激勵爲主，通過積極的、正面的激勵保持員工隊伍的蓬勃朝氣、昂揚銳氣和浩然正氣，形成團結向上、奮發有爲、開拓進取的良好局面。當然，在充分運用好正激勵的同時，適當的負激勵也是不可或缺的，對違規違紀的員工進行相應的懲罰很有必要。

## ・激勵個體與群體相結合

任何一個企業，優秀員工的脫穎而出都離不開部門及其團隊成員的支持。良好的團隊氛圍是員工成長進步的先決條件。在實施激勵時，處理好激勵個體與激勵群體的關係，有助於發揮員工與集體的互促共進作用。如果忽視個體作用，只注重對群體的激勵，就可能會造成「幹好幹壞一個樣」的平均主義；而如果過分強調個體貢獻，不顧群體因素的存在，則容易影響大多數團隊成員的積極性。

### ‧多管道與多層次相結合

企業可以根據自身的特點，建立和實施多管道、多層次的激勵機制。例如，讓有突出業績的業務人員的工資和獎金比他們的上司還要高許多，這樣就能使他們安心於現有的工作，而不是煞費苦心地往領導崗位上發展。要想辦法瞭解員工的需要，分清哪些是現在可以滿足的，哪些是今後努力才能做到的，把激勵的手段、方法與激勵的目的相結合，從而達到激勵手段和效果的一致性。企業可以採取的激勵手段靈活多樣，要根據不同工作、不同崗位、不同的人、不同的情況制訂出不同的制度，而不能靠一種制度「從一而終」。

# 6 在人們內心中樹立起共同願景

儘管許多領導者已經將樹立共同的願景視為核心工作，但大多數領導者還沒有意識到公司願景的重要意義，他們依然依靠提升待遇、增加獎金以及搞好個人關係提高員工的工作熱情。

曾國藩本人深受儒家思想的影響，很重視禮法，而湘軍將領中儒生很多，曾國藩便想以此來激勵軍隊。他對將領要求，一要有治軍之才，二要不怕死，三要不貪圖名利，四要耐受辛苦，必忠必信，保鄉衛國，從而「引出一班正人，倡成一時風氣」。

曾國藩還制訂了營規，來加強士兵的思想教育。每逢操練日，曾國藩都會親臨校場講話，「如父母教子，有殷殷望其成立之意」，禁擾民、禁嫖賭、禁鴉片，又向士兵發放「四書」等儒家經典，把兵營當成學校，加強封建倫常教育。曾國藩還編了《保守平安歌》、《愛民歌》等宣傳鼓動性強的歌謠，讓湘軍兵勇傳唱。

這樣，天長日久，儒家倫理思想潛移默化地融進將士的精神中，使全軍在思想上實現了統一。曾國藩認為，將士們在一起出生入死，不是兄弟勝似兄弟，應該同呼吸共命運，生死與共，而不是各自為政、見死不救。為此，他制訂的湘軍建軍宗旨是：「呼吸相顧，痛癢相關，赴火同行，蹈湯同往，勝利舉杯酒以讓功，敗則出死力以相救……吾官兵亦當有誓不相棄之死黨。」在《要齊心》歌謠中，曾國藩又再三重申：「只要齊心不可當……縱然平日有仇隙，此時也要解開結……百家合成一條心，千人合做手一雙。」

在曾國藩的種種努力下，湘軍終於成了一個「齊心相顧，不肯輕棄伴侶」的戰鬥集體。

由此可見，沒有追隨者的領導者，不是真正的領導者，人們只有心甘情願地接受領導者描述的願景，才會忠誠地追隨領導者。領導者只能通過激發而不是命令來獲得忠誠。想要激發員工的共同願景，就一定要瞭解員工，用他們的語言說話，讓他們相信，領導者瞭解他們的需要與想法。領導要與下屬對話，而不是唱「獨角戲」。只有完全瞭解眾人的抱負、願景和價值並爲之努力，領導者才能獲得眾人的支持。

# 第十一章

## 識人論——洞察對方的品格

曾國藩語錄：

識人術並不是重在推斷吉凶，而是以推斷人的心術、品行居多。

# 1 透過「眼神」辨人

觀其人先觀其眼，眼睛是「心靈的窗戶」，與人的感情、內心活動都有密切的關聯。人的喜、怒、哀、樂、愛、惡、欲、痛等各種感受和欲望，都會從眼神中流露出來。因此，透過眼神是可以觀察出一個人各種屬性、能力、品質的。

容閎在晚年寫的《西學東漸記》中，就記載了他第一次與曾國藩見面時的情況。

曾國藩見到容閎，寒暄數語後，含笑不語，再三注目於容閎。之後，曾國藩雙眸炯炯，盯著容閎的面部，問他在外國居住有幾年了，是否有意在軍中任職。容閎回答說：「固有此願，只是不懂軍事。」曾國藩說，由貌相看，你是一「好將才」，因為兩目含威，一望便知是有膽識之人，必能發號施令，駕馭軍旅。容閎表示只想教育報國，不想當將才。曾國藩沒有勉強他。容閎後來幫助曾國藩籌辦了近代中國最大的官辦新式軍工企業——江南機器製造總局。不出曾國藩所料，容閎確實是有膽識之人。

孟子曾說：「胸中正則眸子明焉，胸中不正，則眸子不能掩其惡也，善惡在目中偏。善者正視，眼清、睛定；惡則斜視，不定、神濁。」大文豪莎士比亞說：「人的眼睛和舌頭所說的話一樣多，不需要字典，就能從眼睛的語言中瞭解整個世界。」

俗話說：「欲察神氣，先觀目睛。」在人際交往中，想要讓自己立於不敗之地，除了要對別人以誠相待外，還要留意多看對方「兩眼」。

一個人最容易被他人看穿的也是眼神。在心理學中講的心靈透視，就是常常從眼神裡探究出一個人的心性、成就高低等。如果一個人的眼睛長得細長、黑白分明，看上去很深邃、有光彩，即所謂「黑光如漆，照暉明朗，瞳子端定，光彩射人」，則反映出這個人比較聰明，有智慧，因爲他的眼睛透出了一股靈氣。反之，如果一個人兩眼淺短，眼神渾濁呆滯，則表明此人毫無才華，反應比較愚鈍。眼球轉動較快的人普遍反應較快，反之則較慢。

眼睛最忌「四露」，即露光、露神、露威、露煞。眼神是透視人的品格、個性以及聰明才智的突破口。例如，從大商家或高層政治人物的眼神中，我們可以看到自信、肯定及權威，他們的眼神與普通人的眼神一定有所差異。

在電影中，演員演技精湛的話，即使不化妝，好壞善惡也能從眼神中表露無遺。在一些恐怖片中，若劇中人物心性邪惡，從眼神中也感覺得出來。所以，演員要想使自己的表演逼真，就必須透過眼神展現出其扮演角色的意念與行爲。

同樣，在日常生活中，若能經常對他人表示關懷，付出愛心，以善意待人，堅持日久，自然就會流露出關愛的眼神；如果一天到晚存心算計他人，嫉妒怨恨，眼神必會常露凶光，令人害怕。

# 2 結合肢體語言識別人

曾國藩識人、用人的本領十分高明，他經常結合人的體貌神態識別人才。

有一天，他收到學生李鴻章的一封書信。在信裡，李鴻章向他推薦了三個年輕人，希望他們能到老師的帳前效力。曾國藩放下李鴻章的信，照例背著雙手出去散步。

曾國藩返回府邸時，家人立刻迎了上來，低聲告訴他，李鴻章推薦的人已經在庭院裡等候多時了。曾國藩揮揮手，示意家人退下，自己則悄悄走了過去。

大廳前的庭院裡站了三個年輕人，曾國藩在離他們不遠的地方悄悄停了下來，暗暗觀察這三個人。只見其中一個人不停地觀察著屋內的擺設，似乎在思考著什麼；另外一個年輕人則低著頭規規矩矩地站在庭院裡；剩下的那個年輕人相貌平平，卻器宇軒昂，背著雙手，仰頭看著天上的浮雲。曾國藩又觀察了一會兒，看雲的年輕人仍舊氣定神閑地在院子裡獨自欣賞美景，而另外兩個人則開始對曾國藩遲遲不來頗有微詞。

曾國藩繼續觀察了一會兒，然後悄悄回到房間裡，召見這三個年輕人。在交談中，曾國藩發現，不停打量自己客廳擺設的那個年輕人和自己談話最投機，自己的喜好和習慣他似乎瞭若指掌。相形之下，另外兩個人的口才就不是那麼出眾了。不過，那個抬頭看雲的年輕人雖然口才一般，卻常有驚人之語，對事對人都很有自己的看法，只是說話過直，讓曾國藩有些尷尬。談完話之後，三個年輕人起身告辭。曾國藩待他們離開之後，吩咐手下給三個人安排職位。出人意料的是，曾國藩並沒有對和自己談得最投機的年輕人委以重任，而是給了他一個有名無權的虛職；很少說話的那個年輕人則被派去管理錢糧；最讓人驚奇的是，那個仰頭看雲、偶爾頂撞曾國藩的年輕人被派去軍前效力，他還再三叮囑下屬，這個年輕人要重點培養。

在大家納悶時，曾國藩說出了其中的原因：「第一個年輕人在庭院等待的時候，便用心打量大廳的擺設。剛才他與我說話的時候，明顯看得出來他對很多東西並不精通，只是投我所好罷了，而且他在背後發牢騷發得最厲害。由此可見，此人表裡不一，善於鑽營，有才無德，不足以託付大事。第二個年輕人遇事唯唯諾諾，謹小慎微，沉穩有餘，魄力不足，只能做一個刀筆吏。最後一個年輕人不驕不躁，竟然還有心情仰觀浮雲，單憑這一分從容淡定便是少有的大將風度。更難能可貴的是，面對顯貴，他能不卑不亢地說出自己的想法，而且很有見地，這是少有的人才啊！」曾國藩的一席話說得眾人連連點頭稱是。

「這個年輕人日後必成大器，不過他性情耿直，很可能會招來口舌是非。」說完，曾國藩不由得一聲歎息。

那個仰頭看雲的年輕人沒有辜負曾國藩的厚望，他在後來的征戰中脫穎而出，並因為戰功顯赫被冊封了爵位。不僅如此，他還在垂暮之年毅然復出，率領臺灣軍民重創法國侵略者，揚名中外。他便是臺灣首位巡撫劉銘傳。不過，正如曾國藩所言，性情耿直的劉銘傳後來被小人中傷，黯然被調離了臺灣。

只通過劉銘傳在大廳裡的表現，曾國藩就辨識出了他的大將氣度，這是幾十年閱歷和經驗的積累，無法取巧。很多人也不乏這種經驗，有的人頭回見面，就讓人喜歡，被認爲是個人才，這就是從人的情態中得出的結論。

心理學家認爲，一個人外在表現出來的某種姿態是其內心狀態的展示，它依人的情緒、感覺與興趣而定。甚至有時候，一個發自內心的姿態要比成百上千句話更有力。

其實，從你在別人眼中出現，到你開口說話的這一段時間，你一直都在「表達」，只是並不是用嘴，而是用你的眼睛、動作、全身去表現，對方能夠從中發現很多資訊。你的這些表現，會讓對方在第一時間就做好應對你的準備，決定是否要聽你說話。

因此，在開口之前，在交談之中，在告辭之時，你都必須時刻用你身體的全部向對方傳達你的敬意與好感，暗示出你所要說的話的重要性。

儘管很多自然而然流露出來的姿勢和動作不是憑自己的主觀意識能夠控制的，但這並不是說這樣表現出來的姿態就一定是死板的動作。你還是可以根據自己的想法把姿態加以改變，讓它變得更加柔和、舒展、自然。

當然，也不要把它訓練成一種固定模式，那樣不但看上去比較單調，也會讓對方覺得你舉止可笑，有失禮節。

通過觀察對方的情態，我們能夠有個清楚的認識。但是，人的情態並非是永恆不變的。所以，要學會用發展的眼光看人，不要認爲一個人不好，就永遠否定他。總之，觀察一個人要聽其言、觀其行、察其態，細細地研究、琢磨，根據其在特定環境下表現出來的情形來判斷，而不是主觀臆斷。

# 3 氣場決定你的「來路」

現在很多人根據面相而去測吉凶，這是流於迷信。而根據人的容貌氣色去推斷其心術品行卻是一種用人之學，也就是現代人說的「氣場」，對此細細研究，必會受益匪淺。

曾國藩的幕府號稱晚清「天下第一幕府」。其人才之盛，無人能比；其知人之明，也無人異議。

對人才的重要性，曾國藩認識得非常透徹。他認爲，辦天下事要用天下才，辦的事越大需要的人才就越多。他創辦湘軍後，自知領兵打仗不是自己的長項，唯一能做的就是推行人才戰略，「集眾人之長，補一己之短」，「合眾人之私，成一己之功」。據不完全統計，曾氏幕府二十多年間召集的幕僚達四百多人。

曾國藩重視人才，勤於搜羅人才，同時，也是一位識才的伯樂，是位相人高手。左宗棠、李鴻章、彭玉麟、郭嵩燾、沈葆楨、劉蓉、李元度、羅澤南等這些晚清的棟樑，都出自曾國藩的門下。他的相人術並不是重於推斷吉凶，而是以推斷人的心術、品行居多。比如，曾國藩有相人之法十二字，六美爲長、黃、昂、緊、穩、稱，六惡爲村、昏、屯、動、忿、遯。他的相人之法還有一些口訣，如：「邪正看眼鼻，真假看嘴唇；功名看氣概，富貴看精神；主意看指爪，風波看腳筋；若要看條理，全在語言中。」

曾國藩指出：山峰的表面泥土雖然會經常脫落流失，卻不會倒塌破碎，就是因爲堅硬如鋼鐵的岩石在那裡支撐著。而岩石就相當於人的骨骼。一個人的精神狀態和骨骼形貌猶如兩扇大門，其命運就如同大門外面的一座高山。只要打開精神和形骸的門，就能探知人的內心世界，這是識人的第一要訣。

曾國藩所說的「骨」，並不是現代人體解剖學意義上的骨骼，而是專指與「神」相配，能夠傳達「神」的那些東西。「骨」與「神」的關係也可以從「形」與「神」的關係上來理解，但「骨」與「神」之間，帶有讓人難以領會的神秘色彩，一般人往往難於把握，只有在實踐中多加體會。

曾國藩說的「神」也並非日常所說的「外在精神狀態」。它內涵廣闊，是由人的意志、學識、個性、修養、氣質、體能、才幹、地位和社會閱歷等多種因素構成的綜合物，是人的內在精神狀態。它既不會隨著人外在表情的變化而有所改變，也不會因人相貌的美醜而受到影響，這種內在精神是「打扮」不出來的。換句話說，「神」有一種穿透力，能越過人的外貌干擾而表現出來。比如，人們常說「某某有藝術家的氣質」，這種氣質不會因他的髮型、衣著等外貌的改變而完全消失。「神」會隨著個人知識、閱歷、地位的變化而有所變化。

「神」不會依附於外在物質而存在，但必須通過外在形象表現出來。如《紅樓夢》中的林黛玉，一身病態，精神自然不足，雖得珍貴藥物調養，仍然回天乏力。但她身上的冰雪聰明、弱態嬌美、淒苦輕揚，卻別有一番美麗。這是情態，屬於神之韻。

長久審視，應主要觀察人的精神；短暫一見，就要觀察人的情態。情態是發自內心的真情實性，不由人任意虛飾造作。

情態又有恆態和時態兩種。人的形體相貌、精神氣質、言談舉止等各種形貌在恒定狀態時的表現，稱之爲「恒態」，在這裡主要是指言談舉止的表現形態；短暫出現的，稱之爲「時態」，時態與人的社會屬性、社會環境密切相關。人的活動，無不打上環境和時代的烙印，脫離時代與環境而獨立生活的人是不存在的。

人們的恒態有四種，即婉柔的弱態、狂放不羈的狂態、怠慢懶散的疏懶態、交際圓滑的周旋態。

弱態表現爲小鳥依人，情致宛轉，嬌柔親切；狂態表現爲衣衫不整，倒穿鞋襪，不修邊幅，恃才傲物，目空一切，旁若無人；疏懶態表現爲想做什麼就做什麼，想怎麼說就怎麼說，不分場合，無所顧忌；周旋態表現爲把心機深深地掩藏起來，處處察言觀色，事事趨吉避凶，與人接觸圓滑周到。

# 第十二章

## 領導論——有操守而無官氣，多條理而少大言

曾國藩語錄：

觀人之法，以有操守而無官氣、多條理而少大言為主。引用一班能耐勞苦之正人，日久自有大效，勿以「不敢冒奏」四字塞責。

# 1 慎用親信

親信，原指值得親近信任的人，但縱觀古今史事，那些領導者身邊的親信雖表面一副恭恭敬敬的樣子，背地裡卻經常狐假虎威，在上位者不知情的情況下，爲自己謀取不當的利益。一旦這些勾當被人發現，升官發財之路被阻，他們就會露出本來面目，或使用各種手段打倒舊主，或投靠到其他有權勢的人門下。

一些薄情寡義的人往往穿著忠厚的外衣，迷惑了有權勢的人。所以，領導者應該警惕親信，切不可太依賴他們，否則，很可能給自己釀成大禍。

曾國藩就險些因不恰當地使用親信而吃大虧。

曾國藩手下曾經有一員大將叫趙挺，文武雙全，膽識過人，曾經多次帶領湘軍衝鋒陷陣，攻下太平軍數座重要城池。他也因此得到了曾國藩的重用和信任，被授予了很大的權力。然而，隨著趙挺勢力的壯大，他越來越不甘心受曾國藩的驅使，他開始暗地裡鞏固自己的實力，並且背地裡挑撥曾國藩和軍中將領的關係，煽動湘軍背叛曾國藩。幸好，趙挺手下的一名小將與其鬧矛盾，一氣之下把趙挺的陰謀全告訴了曾國藩。曾國藩聽後大為震驚：自己一手培養提拔起來的將領竟然忘恩負義，想要反咬自己。他在當天的日記中寫道：「看來我真是聰明一時、糊塗一世啊！這世上哪裡還有什麼親信？到底是人心不古！」

從此之後，曾國藩在重用親信時都加倍謹慎。他曾在家書中告誡自己的弟弟們，不要過於依賴親信。他寫道：「重用親信，也要做到心中有數。親信雖然是親信，但只有在該用的時候才能去用。否則，親信可能會陷你於不義之地。」

正所謂「牆倒眾人推」，作為領導者更應該清楚這一點。「不想當將軍的士兵不是好士兵」，沒有人不想坐上領導的位子，只不過，心思正直的人會通過自己的努力往上爬，而心術不正的人則可能會使用一些另類手段除掉擋在眼前的絆腳石，其中可能就有你這個領導者。

人是善變的，有時膨脹的貪欲會逐漸侵蝕原本純潔的心靈，使人做出不軌的事情。有鑑於此，領導者在選擇「親信」時，首先要確定這個人是個道德高尚和忠誠的人。

首先，應該瞭解身邊人的脾氣秉性，進行多方面觀察，千萬不要被其言行所迷惑，要看看他對待其他人的態度，這樣，你才能更加全面地瞭解這個人。

其次，這個人要有能力。如果有能力，他會幫你很多忙。比如，很多事情領導不方便插手，這時，利用親信傳達自己的意圖，效果會更好。又比如，領導想要弄清楚員工的工作態度、勞動積極性等方面的事情，如果領導直接參與，往往會搞得員工人心惶惶。這時，領導就可以委派親信代表自己參與調查。同時，親信也要有相當的威信，要有公信力，大家要信得過他。

再次，這個人要擅長溝通，能問出問題，表達清晰，有一定親和力。只有這樣的人才能作爲自己的親信勝任這份工作，否則，就可能給工作帶來麻煩。

最後，這個人一定要對企業絕對忠誠，不能「身在曹營心在漢」，否則將後患無窮。

## 2 以公開表揚、私下批評為原則

表揚和批評是管理者手中的兩大武器，合理地運用這兩種工具是管理者必須具備的能力。在現代企業管理中，對表現好的員工進行表揚，對員工的缺點和錯誤進行批評指正，這兩種手段的交叉使用，對提高員工工作績效有很大說明，是需要管理者重視的問題。

許多管理者在把握表揚和批評的尺度上存在著諸多問題，在管理中不能靈活運用這些管理手段，進而造成相對立的結果——表揚沒能帶來激勵，批評不能改正錯誤。

比如，有些領導不懂得恰當使用表揚和批評的方法，在員工立功的時候只是輕描淡寫地表揚一下，員工沒有受重視的感覺；而員工有了缺點，領導卻不顧場合，當著很多人的面大加指責，讓員工很難堪。這樣做的結果就是，表揚效果不明顯，而批評又無法使員工認識到自己的錯誤。

曾國藩認為，人才是靠表揚出來的。他曾經對下屬一再強調：要注意做事方法。部下做得好，要在大庭廣眾之下表揚他；做得不好，要單獨叫到屋裡去批評，即「揚善於公堂，規過於私室」。

有一次，曾國藩召集諸將議論軍務。他先發言道：「諸位都知道，洪秀全是從長江中上游東下而佔據江寧的。現湖北、江西均為我收復，江寧之上，僅存皖省，若皖省克復，江寧則早晚必成孤城。」此時，一向沉默寡言的李續賓從曾國藩的話中想到了下一步的用兵重點，就試探著插話問道：「大帥的意思是要進兵安徽？」「對！」曾國藩見李續賓聽出了自己話中的真意，就當眾稱讚了他。曾國藩說：「續賓說得不錯，看來你平日對此已有思考。為將者，紮營、攻城、算路程等尚在其次，重要的是要胸有全域、規劃宏遠，這才是大將之才。續賓在這點上，比諸位要略勝一籌。」其他將領也連連點頭，認為曾國藩說得很在理。

由此可見，曾國藩很善於讚揚別人。他聽完李續賓的發問後，立刻發現了對方的一個優點，當即就抓住時機，在眾人面前準確而及時地給予大力讚揚。這在李續賓聽來，無疑會增強自信心；在其他人聽來，也彷彿受到了一次教導。一句準確及時的讚揚，收穫了兩個好的結果。

當眾表揚的作用往往要比私下表揚來得大。一個人的行爲受到公開讚揚，他日後的行爲自然會受到其他人的監督，迫於公眾認可的壓力，他日後必將設法繼續保持自己的良好行爲。所以，當眾表揚會對員工的好行爲形成一種新的內驅力，並由此產生一種新的外動力。

反之，批評員工時，知道的人越少越好。如果當眾批評指責犯錯誤的員工，因爲面子問題，員工可能會產生逆反心理，不僅內心不接受，還容易在口頭上反駁、頂撞領導，這樣就會把領導置於非常尷尬的境地。在這種時候，領導是大人不計小人過，不予計較，還是放下身段與員工爭吵？無論怎樣，都達不到預期的效果。

如果領導能選擇與員工單獨交流，照顧員工的面子，員工自然能心平氣和地考慮問題。然後，領導再注意語言的藝術性，就能讓員工較好地接受批評，這樣效果會比較好。做領導如此，在日常爲人處世中，這一點也是值得注意的。

在日常生活或工作中，我們既批評過別人，也被別人批評過。批評得當，能確立批評者的權威，幫助被批評者自我糾正，對事態發展起到積極的推動作用；反之，批評不得當，不僅會挫傷被批評者的積極性，也容易招致反擊，傷及批評者自身。由此可見，掌握批評的藝術尤爲重要，使用批評也要掌握好技巧。

總之，從表面上看，表揚和批評只是一種手段，但這種手段背後卻蘊含著許許多多不同的實施手法。同時，這些不同的手法也會帶來不同的效果。這就要求人們在實施時應以公開表揚、私下批評爲原則，然後再根據具體對象區別對待，讓表揚與批評都收到最好的效果。

除了公開表揚、私下批評外，領導者還應該注意平衡使用表揚和批評。不要光表揚而不批評，這樣會助長員工的驕傲情緒，員工對表揚變得麻痺，便會越發沒有動力工作；也不要一味地批評，這樣會使員工性情壓抑，無法提高工作積極性。

表揚要準確，要具有典型性，這樣，既能達到表揚人的效果，也能對他人起到激勵作用。

批評性格孤僻的人時，語言要含蓄，進行開導式批評，點到爲止；對於性格開朗的人，批評方式可以直截了當一點，太過含蓄反而會讓他們感覺你這個人不痛快。

對脾氣暴躁的人，要等他的心情平靜下來後再批評；對敏感、聰明的人，批評可以選擇暗示的方法。

# 3 要有「推功攬過」的器量

曾國藩深諳人的心理，認爲對人才不能求全責備，而要多鼓勵扶助。要想使手下心服口服地爲自己效力，就必須對他們施加恩惠，使他們自覺地將自己與上司聯爲一體，讓屬下感到自己的行爲選擇既是對自己負責，更是對上司負責，否則就是對不起上司。

與施恩的方法相比，施威就比較簡單了。上司對下屬施威，做到「有過必罰，不論親疏」即可，讓下屬產生懼怕的心理，使其行爲選擇在對自己負責的基礎上，間接對上司負責。施恩需要一些藝術，要施得巧妙，施得不露痕跡，這樣才能收到事半功倍的效果。否則，只會弄巧成拙。

在曾國藩看來，施恩有以下幾種方法。

**・推功**

也就是把功勞多推給屬下。曾國藩曾說：「功不必自己出，名不必自己成。」每次打了勝仗，他都會論功行賞，向朝廷保舉大批將官。這種推讓的做法，不僅調動了將士的作戰積極性，也樹立了自己的威望，消除了大家的怨氣。

曾國藩非常重視對將領的保舉。剛開始帶兵的時候，他保舉的將領並不多。結果，他很快就發現，人才都流向了胡林翼幕府。後來他才漸漸明白，主要是他對下屬保舉得太少，追隨自己的人感到升遷無望，所以才決定離開。人才長期沒有出路，就很容易產生離心傾向。之後，曾國藩一有機會，就會舉薦幕僚和下屬。

湘軍從太平軍手中奪回了第一座省城——武漢。這也是清朝軍隊奪回的第一座城，朝廷上下都興奮異常。

曾國藩把握住這個機遇，向皇帝寫了個摺子，開出了一大堆人名，請求獎勵。咸豐皇帝高興之餘，批准了曾國藩的全部請求。羅澤南、楊載福、李續賓這些人由此嶄露頭角，這對鼓舞湘軍的士氣起了極大的作用。於是，此後凡是作戰勝利，他都會保舉一大批人。

在曾國藩的一生中，薦舉的人才甚多。曾國藩的幕僚有四百餘人，其中絕大多數都受過他的保舉。尤其難能可貴的是，曾國藩不怕部屬與自己同職齊名，還鼓勵他們「自立門戶」、「自闢乾坤」，並為他們鋪路搭橋。也正是因為如此，才有了後來李鴻章、左宗棠等晚清重臣。

當然，曾國藩並非什麼人都舉薦，也並非有功就舉薦，他的舉薦是有原則的。有幾種人他是不薦的，比如才高德薄、名聲不好的人。

曾國藩認為，即使你有再高的才能，如果德行和名聲不好，就絕對不薦。當時，有個叫金安清的人特別擅長鑽營。他口才特別好，文筆也好，理財的能力也很強，書法更是一絕。但這個人有一個不好的名聲，那就是貪戀女色。曾國藩曾在家信中表達了對金安清的想法，說金安清這個人的計策可用，但金安清其人是不敢用的，因為用了他容易惹出禍端。

對於一些才德平平，但升遷過快之人，曾國藩也不願意舉薦，因為這樣的人的能力和其所占的位置往往不相匹配，早晚要出問題。

有一個叫惲世臨的人，在曾國藩的保舉之下升遷速度非常快，最後做到了湖南巡撫，但很快他就被罷了官。惲世臨被罷官，對於曾國藩這個舉薦之人來說，無疑是一種否定。曾國藩反覆思考之後得出結論：是自己沒有看清這個人。

惲世臨生性特別倔強，而且任性，做起事來不顧大局。他到湖南做巡撫後，和總督毛鴻賓之間產生了巨大的矛盾，並以巡撫的身分去彈劾總督，以下犯上。同時，他也不善於處理與同僚的關係。這是導致惲世臨被罷官的重要原因。

曾國藩極力淡化自己身上的光環，把功勞推給他人，和下屬共同分享榮譽、財富，才贏得了下屬的擁戴。

其實在曾國藩之前，也有很多人深知「推功讓過」之道。

西漢時趙廣漢做郡守，就經常「推讓善歸下」，例如，這是某某所為，非我所能及。由於趙廣漢「行之發於至誠」，使看到或聽到此事的僚吏們都「輸寫心腹，無所隱匿，咸願為用，僵仆無所避」。

東漢的劉寬為南陽太守時，也「事有功善，推之自下」。

漢代名臣張湯也精於此道。張湯奏事，漢武帝連連說好。張湯會說：這個主意不是我想出來的，而是掾史某某所為。

總之，曾國藩的成功事例中處處滲透著光輝的人格魅力。他處處為人著想，取得功績的時候把功勞都記錄在別人的賬上。這樣的人，即便是最計較的大臣都會被他感動，嫉妒他的人也找不到他的缺點，只好實事求是地稱頌他。

推讓是上司對下屬成績的肯定，下屬的積極性會因此而大大提高，進而充分發揮自己的才能。反之，如果上司把榮譽全攬給自己，則會招來下屬的嫉妒，給自己樹立更多的敵人，導致自己寸步難行。

**・攬過**

每遇戰事失利，曾國藩總是自行承擔責任。即便立了功，他也絲毫不驕傲，而是把功勞都讓給別人，不斷地反省自己做錯了什麼。正是由於他這樣以身作則，不斷地反躬自責，才使自己不斷得到提升，贏得了下屬的尊敬和擁護，迎來了自己一次又一次事業上的輝煌。

領導攬過，這是一種曲折的調動下屬積極性的方式，能起到激勵下屬的作用。

## 4 寬仁待人，贏得下屬的心

犯了錯誤就該受到處罰，這是人們都很清楚的事情。但是，如果能在恰當的時候網開一面，不處罰下屬，則可能會讓下屬感動，從而贏得下屬的擁護。

曾國藩向來寬仁待人，能夠看到對方的才能，而對一些小的錯誤則有意放過。比如，他手下的鮑超是一個非常粗野的人，沒有什麼文化，做事情也很粗線條，有時會大罵下屬。但曾國藩愛其勇武，對其身上的這些小瑕疵睜一隻眼閉一隻眼。而這份特殊的待遇，也讓鮑超感覺到了曾國藩對他的器重，從而更加死心塌地地跟著曾國藩去建功立業。

雖然說應當嚴明法紀，但對人才不必太過苛求。多一分寬容，容忍下屬的一些小瑕疵，這樣的領導更容易贏得下屬的心。歷朝歷代都有刑罰，但很多有智慧的官員都知道，與其用暴力讓下屬服從，不如用施恩的方法讓其心服口服。

唐玄宗時，李日知任刑部尚書。他的風格是「不施捶撻而事集」，即不用杖罰威脅，公事就能辦利索。

有一次，一個令史接到詔敕，卻忘記了當天發下去。這當然是了不得的過失，作為刑部長官的李日知自然發怒了。他召集眾僚，命人取來刑杖，準備杖罰這個令史，但轉而一想，又改變了主意。他對那個令史說：「我要是打了你，天下人肯定會說你能撩撥我發怒。而一旦真的打了你，你的聲名也就完了，不光矮同僚半截，你的妻子兒女也會瞧不起你。這次就饒了你吧！」

從此之後，「吏皆感悅，無敢犯者。脫有稽失，眾共謫之」。

可見，一個優秀的領導者必定是一個施恩的高手。他善於通過給人恩惠，在下屬心中樹立良好的形象，建立有力的權威，打開下屬的心理閘門，讓對方死心塌地地跟隨自己。

南越王趙佗原本是秦朝派去管理嶺南的地方官，秦朝滅亡之後，他自立為王。漢高祖平定天下以後，不願再動用刀兵，實行了安撫政策，仍任命他管理嶺南，並給予許多賞賜。這種懷柔政策使得漢朝的南疆和偏遠的地區得以安寧。可是，呂后當政後，卻將嶺南視為蠻夷，並制訂了一些民族歧視和壓制政策，最終激起了趙佗等人的反抗。

漢文帝即位以後，重新恢復了漢高祖劉邦推行的安撫政策，除了給趙佗許多賞賜以外，還給他的親屬加封官職。這一切使趙佗深受感動，自動廢棄了王號，並上奏請罰，發誓永遠向漢朝稱臣。

從這個例子中可以看出，領導者以寬容之心免掉懲罰，更能讓下屬感恩戴德，這樣收到的效果也比懲罰獲得的效果好得多。

一個沒有人情味的人，是理解不了「施恩」這看似簡單、實則微妙的人際關係方法的。比如說，給人幫助不能過於挑明，以免傷人自尊；施恩於人的次數不可過多，否則會給對方造成負擔，使雙方再難維持原本的關係。

人在社會中，時刻都要與其他人打交道。複雜的人際關係網是經過長時間的互相合作建立起來的。給人恩惠時，不要想著立刻得到回報，而要懷著一顆寬大的心，給人以無私幫助。其實，這也是在給自己獲得幫助做鋪墊。

# 第十三章

## 治家篇——治家有方，名人輩出

曾國藩語錄：

自敬方能自尊，敬親方能齊家，敬人方能使人敬己，敬業方能事業有成。

# 1 孝敬父母其實很簡單

在人的一生中，父母的關心和愛護是最真摯、最無私的，父母的養育之恩永遠也訴說不完。爲養育兒女，父母付出了畢生的心血，所以，子女應該恪盡孝道。然而，中華民族向來是一個含蓄的民族，在表達自己對父母的愛時總是難以當面說出口，很多情感也沒有辦法用語言來表達。

曾國藩在京爲官期間，經常給家裡寫信，向父母報平安，並對家裡的大事小事一一過問，非常細心。在那個年代，北京與湖南之間可算是相距甚遠。爲了和家裡父母保持聯繫，曾國藩長年給家裡寫信，足足寫了三十年，現存就有近一千五百封，平均每年近五十封，平均一個月要寫四封信，可見其寫信之頻繁。

父母也在與兒子頻繁的書信往來中，大大減少了思念之苦。另外，他還會捎帶給父母一些小東西，以盡孝道。

道光二十四年，曾國藩只是個翰林院編修，一介窮京官，權勢不大，俸祿也不高，想弄到昂貴的物品，就得煞費苦心外加捨得破費。

但他為了表達自己的一片誠心，還是費盡周折找到了對老年人有滋補作用的「阿膠兩斤，高麗參半斤」，然後托人千里迢迢將這些營養品帶回湖南老家孝敬父母。作為人子，他對老父老母非常關心體貼。

他不僅自己盡孝道，還會在信中絮絮叨叨，教育自己的弟妹們盡孝。這些都潛移默化地影響了曾家的家風，他的家庭因此呈現出一片和睦景象。

曾國藩的家書中沒有什麼驚天動地的語言，大部分的內容是向父母報平安，和父母話家常。比如，曾國藩在一封家書中是這樣寫的：「九弟前病時想回家，近來因為找不到好伴，並且聽說路上不平安，所以已不準備回家了……兒子在二月初配丸藥一料，重三斤，大約花了六千文錢。兒子在京城謹慎從事，望父母親大人放心。兒子謹稟。」

他知道父母最擔心的莫過於自己的身體健康和處境，於是寫信說：「我已經吃藥了，我做事情會很小心的，請父母不要惦記。」連這些吃藥的小細節都告訴父母。雖然只是短短的幾句話，卻讓父母內心有了著落，也讓我們看到了一個兒子的孝心。

他不僅自己給家裡寫信，也教導自己的弟弟們要時刻掛念父母，多和父母聊天。

一次，曾國藩收到父母的來信。在信中，父母除了詢問他的近況外，還表示出了對他弟弟的關切。曾國藩看後，馬上把弟弟叫來，對他說：「父母一直很為你擔心，你為什麼不及時寫信回去，告知父母你的情況？」

弟弟說：「我最近手頭有點緊，想著等有了些許銀兩，與信一併寄回，也好給父母一個交代。」

曾國藩說：「父母是出於擔心你，才詢問你的情況。他們需要的不是你的銀兩，而是你向他們報平安。你想想，每個孩子都是父母心頭的一塊肉，如果孩子與父母失去了聯繫，父母的內心就會焦灼不安，比自己生病還要難受。做兒女的，如果不能理解父母的心意，那就是不孝。」

弟弟聽了曾國藩的話，頓時羞愧萬分，回去馬上給父母寫了一封信，告訴父母一切安好，勸二老一定要保重身體。

或許有些人也曾有過曾國藩弟弟那樣的想法，總想著自己飛黃騰達之後，再多陪陪父母，覺得這也是一種孝心。如果有這種想法，那就該注意了。正如曾國藩所說，父母對子女的要求並不多，只要子女時常跟他們聊聊天、說說話，告知一下自己的近況，他們也就滿足了。

父母都是望子成龍、望女成鳳的，但他們更希望看到的是子女過得平安幸福。所以，我們應該經常多和父母保持聯繫，消除他們心中的擔憂。

父母也有自己的願望，但因爲害怕麻煩子女或者讓子女破費，所以不願主動向子女提出。我們做子女的應該多瞭解父母的心情，多關注他們的想法，幫助父母實現願望。這也是非常好的盡孝方法。

## 2 讓子女自由發揮自己的特長

曾國藩還非常重視因材施教。因材施教在現在看來非常容易，但在當時，人人都想自己的子孫能夠在官場上有所作爲，飛黃騰達。處於曾國藩那樣顯赫的地位，給自己子孫提供做官的機會易如反掌，但他並沒有這樣做。

曾國藩認爲，一個人只要身體好，能吟詩作文，能夠明白事理，就能有所作爲，受到人們的尊敬。當官是一陣子的事，做人是一輩子的事；官銜的大小不取決於自己，而學問的多寡卻取決於自己。

孩子讀書未必一定要為了做官，讀書在於明白事理。所以，曾國藩致力於培養孩子們讀書的興趣，注意觀察他們的天賦和潛能，在此基礎上，再進行培養、塑造。

當長子曾紀澤接連三次科舉考試不成功，向父親提出不再走科舉之路時，曾國藩同意了。他寫信告訴曾紀澤，按照自己的想法去做事。

曾紀澤後來的路，在當時人看來絕對是旁門左道。那個時代，一般人根本想不到去接觸西方文化，更不用說去學外文了，而曾紀澤竟然在三十二歲的時候開始學英文，潛心研究西學。

一八八一年二月廿四日，曾紀澤以外交官的身分代表清政府在彼得堡同沙俄談判，並且簽訂了《中俄伊犁條約》，收回了伊犁城。這是清末外交史上唯一的一次勝利，而談判的成功，得益於曾紀澤對西學的瞭解。正是因為他有非常好的英語基礎，在與俄國人談判的時候，可以做到針鋒相對，將外交手段運用得十足。當時，沙俄曾威脅說：「你想要收回伊犁，我馬上就派兵開戰。」曾紀澤則不軟不硬地回了一句話：「你要打仗，我們也無奈，但我們絕不怕你來打。」能說出這樣的話，是因為他很瞭解當時沙俄虛張聲勢的心態。如果沒有對西學的瞭解，沒有西學的根基，說不定曾紀澤當時就被嚇住了。

在晚清社會，父親的命令是不得違抗的。如果曾國藩一門心思讓兒子讀書、做官，曾紀澤可能就會在書本中痛苦度日，而不能去做自己想做的事情，不能發揮自己的特長。如此看來，曾紀澤的成功，不能不說是曾國藩教子有方的表現。

長子曾紀澤是一位出色的外交官，次子曾紀鴻也在父親的指導下學有所長。但他同樣沒有像父親那樣做官，而是選擇了自己喜歡的自然科學。他精通天文、地理，最精數學，曾著有《對數詳解》、《圓率考真圖解》等書，還計算出了圓周率後一百位。

曾國藩只要跟紀澤、紀鴻等子女在一起，就會精心指點他們做人之道。他曾對紀澤、紀鴻說：「澤兒天資聰穎，但過於玲瓏剔透，宜從『渾』字上用些功夫；鴻兒則從『勤』字上用些功夫。」針對紀澤「語言太快、舉止太輕」的缺點，曾國藩要求他「力行遲重」，即「走路宜重，說話宜遲」。

曾國藩日理萬機，但一有時間，他就會給孩子們寫信，為他們批改詩文，還常常與他們交換學習、修身養性的心得體會。在教育孩子的過程之中，曾國藩既是父親又是朋友，還是老師。他的孩子們都非常欽佩、崇拜他，把他視為自己的人生偶像。

孩子要學習的東西有很多，作為父母就應該像曾國藩那樣，首先要培養孩子優秀的品德。這樣一來，就能保證孩子未來的發展方向，保證他不至於誤入歧途，這是教育的根本。然後要尊重孩子的選擇，因材施教，讓孩子學有所長。這才是成功的育人之道。

曾國藩思想開明，懂得因材施教，能夠讓子女自由發揮自己的特長，實在是很難得。

現在，很多家長本末倒置，只盯著孩子的學習成績，卻忽略了孩子的心理成長。殊不知，學習成績並不是孩子在社會上立足的根本。要想讓孩子在社會中有所成就，最重要的是培養孩子的品德，品德教育才是育才的根本。

所以，父母應該多與孩子溝通，成爲他們的朋友，瞭解他們的想法，糾正他們錯誤的思想，多通過身邊的事情教育孩子。同時，父母還要以身作則，要求孩子做到的事情，自己一定要先做到。另外，有些孩子也許真的不擅長學習，沒有關係，他有什麼特長就讓他發揮出來，也許他的特長會幫助他獲得成功。

## 3 給孩子留財，不如教孩子謀財

做父母的都希望兒女過得比自己好，所以他們總是希望能給兒女們多留些財產。但曾國藩不這麼認爲，他的觀點是，要想兒女真正有出息，就不應該給兒女留下太多的錢。

曾國藩出身貧窮，一生爲官清廉，深知「財可幫人，也可害人」的道理。人的本性中有好逸惡勞的一面，如果父母積蓄足夠的錢物讓子女花銷，那子女爲什麼還要去吃苦呢？結果自然是坐吃山空。如果「一無可恃」，子女們就不得不去奮鬥、去謀生、去立業，這樣才能成大器。所以，曾國藩從不利用手中職權爲子孫後代斂集財富。

曾國藩明確規定，嫁女兒的嫁妝，不能超過兩百兩白銀。曾國藩的三個女兒出嫁，都是按照這個規矩來辦的。到第四個女兒出嫁時，歐陽夫人仍然按照這個規矩來辦。曾國荃聽說這件事之後，不敢相信，說：「怎麼會有這種事呢？」打開嫁妝箱子一看，果然如此。他再三感歎，覺得實在不夠，便又贈送了四百兩。

嫁女如此，娶媳婦亦如此。

咸豐十年，曾國藩派人送家信和兩百兩銀子回家，以其中的一百兩作為曾紀澤的婚事之用，另外一百兩作為侄兒的婚事之用。這麼大的官，子侄辦喜事只用一百兩銀子，確實太難得了。

曾國藩還曾在給弟弟的信中指示說：

「我們弟兄身處這樣的時代，名聲遠揚，應以錢少、產業少為好。一則平日裡可以避免別人眼紅，以免招人忌恨；二是看到家中窘迫的狀況，子孫們不至於一味講究奢侈。我們曾家歷代的立家氣象、格局沒有改變，從嘉慶末年到道光十九年，我見到祖父星岡公每天生活恪守常規，不相信醫藥、堪輿、和尚、巫師、禱祝等事，這也是老弟曾經親眼見過的。我們這一輩的人認真遵守家風，則家道便可多支撐些年，望老弟率紀澤及各位侄兒切實做好……」

在給兩個兒子的信中，他告誡說：

「銀錢田產，最容易助長人的驕氣。我家不可積錢，也斷不可買田。你們兄弟努力讀書，不怕沒有飯吃。」

曾國藩認為，錢財不是家庭興旺的根本，家族能否興旺發達，最終要取決於人。他常說：「所貴乎世家者，不在多置良田美宅，亦不在多蓄書籍字畫，在乎能自樹立子孫。」這裡的「自樹立」之人就是指具有維護家風、興旺家族能力的子弟。

因此，曾國藩非常注重培養後代的自立能力。他常說：「給子孫留下萬貫家財，不如教子孫走正道，讓子孫學會一些謀生的技能，自食其力。」所以，他常常告誡自己的子侄，讓他們不要有依靠父輩、繼承家業之心，要學會自立。

即使是現在，多數人的觀念也是用盡辦法爲子孫積聚財富。他們認爲，爲子孫積聚足夠的財富，即使他們不能自立也不至於流落街頭、遭人恥笑。但他們卻沒想過，爲子孫留下過多財產反而是害了子孫。很多成功人士沒有給自己的子女留下很多財產，就是爲了後代能夠自立。

曾國藩說：「大約世家子弟，錢不可多，衣不可多，事雖至小，關係頗大。」這是因爲，錢多就容易驕橫，就容易奢侈，就容易淫逸，就容易放蕩，最後必然導致家敗名裂。所以，父母在教育孩子的時候，應該更多地培養孩子的獨立精神，要狠下心來，讓他們獨立做事。只有孩子自立了，才能真正在社會上立足。

## 4 治家儉，則家業興隆

曾國藩出身貧寒，以並不超人的資質完成了偉大的功業。他的家書、日記和文章影響了一代又一代人，許多成名的人物都受過他的思想薰陶。曾國藩確實是中國歷史上少數具有偉大人格的人物之一，在他的身上體現著中華民族優秀的傳統美德，比如胸懷大志、清正廉潔、淡薄功名、知人善任等。而他的勤儉節約的品德，更值得我們借鑒和發揚。

曾國藩非常清楚「由儉入奢易，由奢入儉難」的道理，所以，雖然他的官越做越大，但他一直要求家人生活節儉，遠離奢華。他自己穿著非常樸素，布袍鞋襪都是其夫人、兒媳所做。

三十歲時，曾國藩置辦了一件天青緞馬褂，家居時從來不穿，只有到慶賀、過年過節和會見親朋時才穿。所以，這件衣服三十年後，依然像新的一樣。

他吃的也是粗茶淡飯。即便是官至大學士，每次吃飯也只有一個葷菜。如果不是有客人來，從不增加。當時的人就戲稱他為「一品宰相」。「一品」，指的就是「一葷」。另外，他在吃飯遇到飯裡有帶殼的穀子時，從來不會把它吐掉，而是把穀子裡的米吃掉。

曾國藩的節儉還表現在一些小事情上。他認為，日常持家應當把一些零碎物件，如碎布、小紙片都收集起來，以備日後使用。如他所言：「務宜細心收拾，即一紙一縷、竹頭木屑，皆宜撿拾。」

曾國藩不僅自己節儉，還屢次告誡其家人、屬下、朋友也要節儉。如他在給四弟的信中寫道：「弟為余料理家事，總以『儉』字為主。情意宜厚，用度宜儉，此居家居鄉之要訣也。」

為了使家中子弟能達到崇尚勤儉勞苦的目的，他為家人制訂了一套具體的尚儉課目。課目規定，男子是「看、讀、寫、作」，女子則是「衣、食、粗、細」。規定女子織麻紡紗，中午為之；燒茶煮飯，掃抹房舍，一早為之；縫製衣服鞋襪及刺繡，下午及晚上為之。他在兩江總督任內，其夫人和兒媳每日仍要織麻紡紗，不得間斷。

他在京城時，見到的世家子弟都奢侈腐化、揮霍無度，因而不願讓自己的子女來北京居住。他讓他們住在老家，門外也不能掛「相府」、「侯府」的匾。

據曾國藩的後代回憶，曾國藩的原配歐陽夫人帶領子女住在鄉下老家，生活非常節儉，甚至有些貧窘。曾國藩要求自己「以廉率屬，以儉持家，誓不以軍中一錢寄家用」。歐陽夫人在家手無餘錢，只能事事躬親，下廚燒灶、紡紗織布，無所不為。

曾國藩幼女曾紀芬就曾經回憶說：「先公在軍時，先母居鄉，手中竟無零錢可用。拮据情形，為他人所不諒，以為督撫大帥之家不應窘乏若此。其時鄉間有言，修善堂殺一豬之油，只能供三日之食；黃金堂殺一雞之油，亦須作三日之用。修善堂者，先叔澄侯公所居，因辦理鄉團公事客多，常飯數桌。黃金堂則先母所居之宅也。即此可知先母節儉之情形矣。」

曾國藩對待兒子更是不厭其煩地悉心教導，反對他們浪費奢華。在他寫給長子曾紀澤的信中說：「勤儉自持，習老習苦，可以處樂，可以處約，此君子也。余服官三十年，不敢稍染官宦之氣。」「世家子弟，最易犯一奢字、一傲字。不必錦衣玉食而後謂之奢也，但使皮袍呢褂俯拾即是，輿馬僕從習慣為常。此即日趨於奢矣，見鄉人則嗤其樸陋，見雇工則頤指氣使，此即日習於傲矣……京師子弟之壞，未有不由於驕奢二字者。爾與諸弟其戒之，至囑，至囑。」

他對女兒的要求也同樣嚴格。在家書中，他告誡幾個女兒：「衣服不宜多制，尤其不宜大鑲大緣，過於絢爛。」

另外，自己的親戚中有奢侈的人，他也會嚴加教訓。

九弟曾國荃在巡撫任上，因家中客人和子孫增多，舊屋不夠用，就新建了一座房屋，花費三千貫錢。曾國藩聽後大怒，馳書責罵九弟曰：「新屋搬進容易搬出難，吾此生誓不住新屋！」曾國藩說到做到，他終其一生也未進新屋一步，病故時，仍住在兩江總督寓所。

曾國藩以「儉」字行之終身，就是在去世前不久，他還在夜間與兒子詳談，講述節約之法。

也許在有些人眼中，勤儉節約這樣的小事情算不上什麼大問題，不值得重視，時代發展了，多花費一點無可厚非。其實，節儉並非小事。對於個人來說，奢侈會助長貪欲，當我們生活過於奢侈，在用度不足的情況下，爲了滿足物欲，就可能走上歧路。對於一個家族來說，過於奢侈放縱，即便再富有的家庭，也會有坐吃山空的一天。

節約並不是有些人認爲的「摳門」，它是一種理財方式，更是一種生活態度。它教會人們如何有效地管理自己的金錢，在與財富長久、良性的互動中獲得永續的

「恒財」。該節省的地方就要儘量節省，力爭把每一分錢都花在該用的地方。

總之，節儉是一種品行，一種修養，一種富而不奢、自我克制的最高境界。我們每一個人都應該以曾國藩爲榜樣，從小事做起，一點一滴地節約，把節約養成習慣。這種習慣不僅能給我們帶來快樂，也能培養我們的良好德行。

## 5 子女聯姻，以品德為上

在封建社會，門第觀念在聯姻中表現得極爲突出。權貴人家爲了維護和擴大自己家庭的勢力，聯姻往往講究門當戶對。封建社會婦女的地位一直是很低下的，男尊女卑的思想滲透於整個社會。婦女在家庭中幾乎沒有地位，沒有婚姻自由，只能聽從「父母之命，媒妁之言」。

封建社會裡的婚嫁制度，導致兩家結親往往不是基於子女的感情，而是爲了實現某種利益的互補。嫌貧愛富、講求門當戶對是現實中生存的需要，這樣就結成了許多不幸的婚姻和家庭。

曾氏家族貴爲湘鄉第一顯赫門第，按理說，所結的親家就算不是皇親國戚，至少也是達官顯貴。但難能可貴的是，曾國藩沒有利用兒女聯姻來爲自己謀求權勢，而是從子女未來幸福的角度考慮，提出了「不與驕奢人家結親」這樣開明的想法。他考慮兒女的婚事時不從門第方面去權衡，而是從家風和生活習慣上去考察。

他提出品德爲上，聯姻「不必定富室名門」。

湖南有一常姓顯貴家庭，幾次都想與曾國藩結為兒女親家。然而，曾國藩並不樂意。這倒不是常家與曾家有過什麼不愉快的過結，而是因為曾國藩聽說這位常家公子生活習氣驕奢跋扈，不可一世。他所穿的衣服極為華貴，就連他家的僕從也氣焰囂張。更令人厭惡的是，他喜歡倚仗其父親的勢力作威作福。曾國藩擔心常家公子有官宦人家的驕奢習氣，如果聯姻，不僅會敗壞曾家家規，還會引誘曾家後人好逸惡勞。

咸豐六年，曾國藩的女兒曾紀琛十三歲，有人做媒，配羅澤南次子羅兆升。羅兆升因父功勳，欽賜舉人，內閣中書，賞戴花翎，誥授奉政大夫。曾國藩與羅澤南為患難之友，生平志向相投。按照常理，兩家結為兒女親家是好上加好。但曾國藩認為羅兆升有「官宦氣」，故表示不中意，在家信中寫道：「羅家結親的事，先暫時緩一下。近來人家一當了官，便滋長驕奢的習氣，我深深以此為戒。三女兒找女婿，我的意思是選擇一個節儉樸實的耕讀人家，不必一定是富家名門。」

關於其子曾紀澤的婚事，曾國藩在給父親的信中也這樣說：「紀澤兒的婚事，再晚一兩年也沒有什麼不可以。或者請您在鄉里選擇一耕讀人家的女兒，或者兒子在京城自定，都應以沒有富家子弟驕氣的人為主。」

曾國藩家風崇尚勤儉，他反對與驕奢人家結親，也是因爲他考慮到「親奢之家難以久遠」的緣故。所以，他在給子女選擇婚配之人時，也是首先選擇家風良好的人家，以便子女能夠過得幸福。從這一角度出發，曾國藩在兒女定親問題上，能夠跳出當時人們普遍在意的嫡出與庶出的門第之見，以品德而不是貧富或者地位來選擇聯姻對象，真是難能可貴。雖然曾國藩在這方面也有看走眼的時候，他的幾個女婿中也不乏紈綺子弟，但他能抱著清醒的態度去面對，不貪人富貴，不戀人權勢，還是非常值得我們借鑒的。

很多人結婚都講究門當戶對，而門當戶對的根本標準就是要貧富程度相當，其次是社會地位相當。即便是現代，很多婚姻中也多少摻雜些門第觀念，並且，人們越來越把貧富當成是門當戶對的重要甚至唯一的標準。

其實，財富總有用完的時候，而一個有才能和有智慧的人則會永遠擁有財富。所以，現代人也應該學習曾國藩的做法，把眼光放長遠，去除門第之見，尋找一個真正有能力且本質不壞的人作爲兒女婚嫁對象，這樣，兒女才能真正擁有家庭幸福。

# 第十四章

## 理財篇——合理使用錢財，但不貪戀錢財

曾國藩語錄：

理財之道，全在酌盈劑虛，腳踏實地，潔己奉公，漸求整頓，不在於求取速效。

# 1「耕讀傳家」的思想

曾國藩非常熱衷於穩健理財。曾國藩認爲：「理財之道，全在酌盈劑虛，腳踏實地，潔己奉公，漸求整頓，不在於求取速效。」

曾國藩把農業提到了國家經濟中的基礎性戰略地位，他認爲：「民生以稼事爲先，國計以豐年爲瑞。」他要求「今日之州縣，以重農爲第一要務」。在當時以農業爲本的社會，這一條的確是非常中肯的建議。只要以農業爲本，就不會挨餓，就不愁不能生存。

曾國藩對農村的生產勞動極爲重視，即便做了兩江總督，在家門鼎盛之際，他仍時時囑咐兒女們要謹守耕讀家風，在種田方面下大力氣。

他最爲人們所稱道的，還是「耕讀傳家」的思想。

曾國藩在道光廿九年四月十六日給他的幾個弟弟的信中寫道：「吾細思，凡天下官宦之家，多只一代享用便盡。其子孫始而驕佚，繼而流蕩，終而溝壑，能慶延一二代者鮮矣。商賈之家，勤儉者能延三四代；耕讀之家，謹樸者能延五六代；孝友之家，則可以綿延十代八代。我今賴祖宗之積累，少年早達，深恐其以一身享用殆盡，故教諸弟及兒輩，但願其為耕讀孝友之家，不願其為仕宦之家。」

在曾國藩看來，一個家庭能夠興盛不衰、人才輩出，離不開良好的家庭傳統。大致而言，官宦人家的子弟多驕、多頤指氣使，盛氣凌人而不肯實幹，因而很難有大的作為；商賈人家的子弟多奢，往往沉溺於享樂之中，乃至飽暖思淫欲，也很難振作精神，幹出一番事業；工農家庭的子弟由於社會地位低微，生活範圍狹窄，雖多樸實卻被限制了眼界；讀書人家庭雖知書明理，眼界較寬，卻往往缺少吃苦耐勞的品德。比較下來，似乎只有半耕半讀或半工半讀家庭的子弟，比較有出息。由此看來，家庭對於後代的影響是不可忽視的。

曾國藩兄弟幾個人，從小就在父親曾麟書的嚴格訓導下刻苦讀書，打下了較為扎實的家學根底。父親曾麟書反覆告誡他們，讀書是為了光大曾家門第，盡忠報國，做一個明理君子。到了晚年，由於曾國藩兄弟大都取得了功名，所以曾麟書表示要把教導孫輩和管理農事的責任繼續擔當起來。

曾國藩出身農家，農業在他一生的經濟生活和精神生活中佔有極為重要的地位。曾國藩不僅將農業視為治生之道，而且把重視農業視為治家之道，認為它是家族興盛的根本。

曾國藩是從這樣的耕讀之家成長起來的，加上後來久遊官宦之間，對於家庭傳統對後代的影響十分留意。經過比較，他認為在農、工、商賈、官宦等各種家庭中，以半耕半讀家庭為最優，因而決心繼承祖上遺風，以「耕讀」傳家。

那麼，具體來說，究竟什麼是耕讀呢？

所謂「耕」，在曾國藩看來，就是家中男子要從事耕地施肥，種菜（蔬）、養魚、餵豬等勞作；家中女子主要是做「學洗衣煮菜燒茶」、製鞋、做小菜等他規定的日定功課。如他規定女兒、兒媳每年必須做鞋一雙以考其女紅，必須「做些小菜如腐乳、醬菜之類」，並親自檢驗。至於「讀」，並不只是讀今後中舉做官打基礎的書，而是要讀能經世致用的書。讀書並不求其子孫做官發財，早日成名，只求其成為讀書明理之君子。如對其諸弟，在帶兵後只要求能寫奏稿之類就行。而對其子則嚴格一些，從讀書作文到為人處世都有一定的要求，強調在博學基礎上要有專攻。

同治六年五月初五，老年的曾國藩在官場飽經滄桑後，給四弟寫家書總結道：「吾精力日衰，斷不能久做此官，內人率兒婦輩久居鄉間，將一切規模立定，以耕讀之家為本，乃是長久之計。」

天上沒有掉餡餅的時候，想要賺錢，就需要腳踏實地，這樣才能保證自己的財富越積越多。曾國藩在重視農業這一點上給我們現代人的重要啓示是：一定要做好本分的事情，保證有穩定的經濟來源。無論收入高低，首先要重視自己的工作。穩定的現金流來自腳踏實地的工作，而不是其他好高騖遠、不切實際的想法。

## 2 存些積蓄以備不時之需

在興旺時期存些積蓄，這樣，在困難時期便可取出存款，以維持正常生活，這才是理性的、富於遠見的消費觀念。

曾國藩總是告誡弟弟們，人生興衰是不斷變化的。天地間萬事萬物都會由盛而衰，在極盛時期就會露出衰敗凋謝的預兆。人的一生同樣如此，盛的時候應保持清醒，防患於未然；衰的時候也不可自暴自棄。

基於這種想法，曾國藩在用錢的時候，會做長遠打算。

道光二十八年，曾國潢在家信中說，家中這一年收入已達五百兩，不但負債全部還清，還頻頻買地，花費了很多錢。

這讓曾國藩感到非常不滿，他隨後給弟弟寫信說：「乞明告我，既買竹山灣，又買廟堂上，銀錢一空，似非所宜，以後望家中毋買田，須略積錢，以備不時之需。」

道光二十七年正月十八日，曾國藩寫給父母的信中也體現了他居安思危的用錢觀念。他在信中寫道：「男在京事事省儉，偶值闕乏之時，尚有朋友可以通挪。去年家中收各項約共五百金，望收藏二百勿用，以備不時之需。」

現在有很多人雖然薪水不算低，但積蓄幾乎爲零，這些人可能認爲存錢的觀念已經過時，其實不然。秉承居安思危的思想來考慮理財問題，給自己留下點應付突發事件的錢爲宜。誰都有突發需要用錢的時候，如果平時大肆揮霍，等到急需要錢的時候，卻發現自己沒錢可用，那就不妙了。

理財的關鍵不在於你能賺多少錢，而在於你能在多大程度上照看好自己的錢，不讓它們不知不覺地從指縫中漏出去。「不積跬步，無以至千里；不積小流，無以成江海」，永遠不要認爲自己無財可理，只要你有經濟收入就應該嘗試理財，必然會得到豐厚的回報。

理財在很大程度上，和整理房間有異曲同工之處。一間大屋子，自然需要收拾整理；而如果屋子的空間狹小，則更需要收拾整齊，才能有足夠的空間容納物件。人均空間越少，房間就越需要整理和安排，否則會顯得凌亂不堪。同樣，我們也可以把這種觀念運用到個人理財的層面上：可支配的錢財越少，就越需要把有限的錢財運用好。

總之，我們要明白這樣一個事實：不能因爲有錢甚至錢多，就覺得不用理財；而若錢財有限，則更應該學會理財。

有些人學歷高，工作好，收入也很可觀。他們覺得平時賺的錢就夠花了，沒有必要特意去理財，節流不如開源。這種隨性地對待自己錢財的態度看似悠閒自在，實際是因爲沒有遇到不可預期的風險。一旦遇到了，他們就會發現，目前的這種「自由」是有代價的，它會讓你在缺乏有效防禦的情況下，將自己暴露在風險之中，遭受挫折或損失。

人生時刻都會發生變化。也許你現在沒有變化，你依然在努力工作掙錢，但這並不代表你永遠都會有錢可掙。社會在變化，公司在變化，不知道什麼時候，公司的經營變化就會導致你無緣無故失業。就像那些過去曾經在國有企業裡工作的人們，都以爲抱著「鐵飯碗」，根本不會想到自己會有失業的一天。等到國企改制，大量員工失業的時候，他們才發現自己沒有「鐵飯碗」了，要另謀生路了。

這些事實都說明了一點，那就是我們要在順利的時候存些錢，以便幫助自己應對將來可能遇到的危機。

也許你少吃一次肯德基，少去一次電影院，少打一次撞球，就可以爲自己省下一些錢。當然，存錢也是有一定限度的，並非只存不花，而是要有計劃地把自己每月的錢存下一部分。

生活處處充滿變化，攢點積蓄，就等於給自己留一條後路。千萬不要不屑於存錢，也許不知道什麼時候你就會用上。總之，給自己留下一點錢，以備不時之需，是明智的理財之道。

## 3 樂善好施，做金錢的主人

曾國藩一有多餘的資金，就不忘接濟家裡的親族。他在道光廿四年三月十日寫給家裡的信中提到了關於贈銀給親族這件事：

「去年臘月十八，曾寄信到家，言寄家銀一千兩，以六百兩為家還債之用，以四百兩為饋贈親族之用，其分贈數月，另載寄弟信中，以明不敢自專之意也。「後接家人，知兌嘯山百三十千，則此銀已虧空一百矣，頃聞曾受恬丁艱，其借銀恐難遽完，則又虧空一百矣，所存僅八百，而家中舊債尚多，饋贈親族之銀，係孫一人愚見，不知祖父母父親叔父以為可行否？伏乞裁奪。

「孫所以汲汲饋贈者，蓋有二故，一則我家氣運太盛，不可不格外小心，以為持盈保泰之道，舊債盡清，則好處太全，恐盈極生虧，留債不清，則好中不足，亦處樂之法也；二則各親戚家綿貧，而年老者，今不略為資助，則他日不知何如？孫自入都後，如彭滿舅曾祖彭五姑母，歐陽岳祖母，江通十舅，已死數人矣。再過數年，則意中所欲饋贈之人，正不知何若矣。家中之債，今雖不還，後尚可還。贈人之舉，今若不為，後必悔之！此二者，孫之愚見如此。」

曾國藩說明了贈銀的兩點原因：一則，他深信財富多了就要散財以保平安的道理；二則，他是一個知恩圖報的人。由此可見曾國藩人格之高尚。

曾國藩在外做官，經常想著家鄉的父老鄉親，還曾有過爲幫助族人或貧困者而置義產的想法。他在道光廿九年七月十五日寫給弟弟們的信中就提到了此事：

「鄉間之穀，貴至三千五百，此亙古未有者，小民何以聊生！吾自入官以來，即思為曾氏置一義田，以贍救孟學公以下貧民；為本境置義田，以贍救二十四都貧民。不料世道日苦，予之處境未裕。無論為京官者自治不暇，即使外放，或為學政，或為督撫，而如今年三江兩湖之大水災，幾於鴻嗷半天下，為大官者，更何忍於廉俸之外，多取半文乎！是義田之願，恐終不能償。然予之定計，苟仕宦所入，每年除供奉堂上甘旨外，或稍有盈餘，吾斷不肯買一畝田、積一文錢，必皆留為義田之用。此我之定計，望諸弟體諒之。」

曾國藩不僅自己不忘接濟窮困人家，佈施恩德，也告訴弟弟們要多幫助他人。在咸豐八年正月十四日，他在給曾國荃的信中是這樣說的：

「聞我水師糧台銀兩尚有盈餘，弟營此時不缺銀用，不必解往，若紳民中實在流離困苦者，亦可隨便周濟。兄往日在營，艱窘異常，當初不能放手做一事，至今追憾。若弟有周濟之處，水師糧台尚可解銀二千前往。應酬亦須放手辦，在紳士百姓身上，尤宜放手也。」

以上種種可見，曾國藩是一位懂得知恩圖報，懂得用財去換人脈、換名聲的人。錢財多了只會遭人嫉妒，而有了錢財懂得與人分享，則會得到他人的欽佩和擁護，從而贏得比錢財更重要的名聲和人脈。

從古到今，有很多這樣的榜樣。

范蠡輔佐勾踐打敗吳國之後，悄悄退隱，改名換姓，開始經商。他做生意沒多久，就發了大財。發財之後，他把錢財統統佈施，救濟貧苦，全部散盡，再從小生意做起。做了幾年，他又積累下一筆不小的家業，於是又佈施。

據史書上記載，他曾「三聚三散」。捨得如此散財，佈施恩德，可見范蠡是一個真正聰明、有大智慧的人。他懂得散財，懂得與一切眾生結恩惠，所以，他無論做什麼事都能成功。

「佈施」是另一種投資方式，即捨出一部分錢財，能夠獲得更多比錢財更加珍貴的東西。

從前有個生意人，他忙碌了大半輩子積累了一大筆錢。可是，他並沒有人們想像中那麼快樂，因為無兒無女的他正在發愁如何收藏這偌大的家產。他想了很長時間，也想出了很多方法，但無論哪一種都不能讓他感到安全，更談不上快樂。最後，他只好將所有的錢財都繫在腰間。

有一天，他路過一座寺院，看到寺院的門前放著一個用金屬鑄成的大缽，過往的人紛紛將錢投入這個缽中。他百思不得其解，便向別人詢問原因。別人告訴他：「這個叫『公共福田』，如果人們能夠真誠佈施，就會捨一得萬，受益無窮。凡是被放到這裡的錢財，都是用來救濟窮人的，讓眾生能夠脫離苦海。這個大缽名字叫『堅牢藏』，只要把金錢放在裡面，便不會再受到任何傷害。反之，如果將金錢都放在自己身邊，就很可能為自己帶來天災和人禍。」

聽到這裡，這個生意人頓時幡然醒悟：「我終於找到可以存放金錢的地方了。」隨即便高興地將錢放進了大缽中。

佛家有言：「富貴從佈施中來。」佈施能夠讓人感到快樂，感到祥和與安寧。因爲樂善好施能夠幫助受施者擺脫困境，讓自己在幫助別人的過程中獲得快樂。只有會花錢的人才會賺錢，只有捨得付出才有回報。

我們必須清楚，守財奴般的節儉並不會使你的財富更多，只會一步步斷掉你的財路。只有當你變得樂善好施時，你才會發現真正的快樂並不在於擁有多少，而在於付出多少。

放眼望去，古今中外，都不乏這種極爲明智的商業經營者。那些聞名於世的大企業家們，無一不是樂善好施的人。他們非常善於用餘財熱心資助慈善、公益事業，但他們的樂善好施並沒有使他們變得貧窮。

樂善好施是人類最古老也最美好的一種行爲，更是中華民族的傳統美德，它表現出了人們的慈善和淡泊之心。美國的演說家馬克•吐溫說過：「善良，是一種世界通用的語言，且盲人可感之，聾人可聞之。」英國的大文豪莎士比亞也說：「沒有慈悲之心的是禽獸，是野人，是魔鬼。」

樂善好施的人無論走到哪裡，都會受人尊敬、受人歡迎。

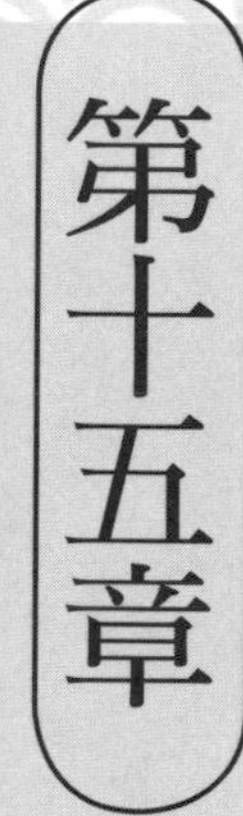


# 養生篇——管理自己的身體，與健康同行

曾國藩語錄：息必歸海，視必垂簾，食必淡節，眠必虛恬。

# 1 少吃多活動

養生是個年輕而古老的話題。說它年輕，是因爲近些年來人們才越來越注重養生，養生已經成了人們保持健康最好的辦法；說它古老，是因爲它並非現代人的獨創，它有著非常悠久的歷史。

漢末的張仲景在《傷寒雜病論》序中說：「怪當今居世之士，曾不留神醫藥，精究方術。上以療君親之疾，下以救貧賤之厄，中以保身長全，以養其生。」明確提出運用醫藥手段進行養生的觀點。華佗授其弟子的五禽戲是導引練形以養生的早期記載，華佗授其另一弟子的「漆葉青黏散」則是延年益壽方劑的早期記載，可見華佗在養生的研究上的確有相當高的造詣。

健康長壽是所有人的美好願望，無論是達官貴胄、方外修士，還是三教九流、普通百姓，無不對此深切關注。曾國藩是一代大儒，他在修身、爲官、治家等方面都取得了很高的成就，甚至被稱爲「完人」。曾國藩被如此讚譽，也自然少不了養生這個必不可少的方面。

雖然終日忙於軍政要務及應酬，但曾國藩從未放棄對養生的探索和實踐，並逐漸形成了自己的一套完整的養生之道。其養生要言，見之於家書、日記及與朋友的往來書信中。

曾國藩在咸豐十一年的日記中說：「養生家之方法，莫大於『懲忿窒欲，少食多動』八個字。」所謂「懲忿」，就是遇事不要煩惱、發怒，以心平氣和對待之；所謂「窒欲」，就是對不良嗜好和私欲都要有效地抑制，不讓其萌生，從而天寬地闊、心身泰然。這樣，臟腑自然氣血調和，生機勃勃。

在同治四年九月初一日，曾國藩給兒子曾紀澤的信中對「懲忿窒欲」闡述得更詳細。

「我對於所有的事，都遵守『盡其在我，聽其在天』這兩句話，即養生之道亦然。身體強壯的如果是富人，戒除奢侈會更加富有；體強的如果是窮人，節約便能夠促使自己寬裕起來。節儉不僅是飲食男女的事，即便讀書用心，也應當節約。我在《八本篇》中言養生『以少惱怒為本』，又曾教你胸中不應當太苦，『須活潑地修養得一段生機』，亦去惱怒之道也。既戒惱怒，又知節儉，正是我的養生之道，除此以外，『壽之長短，病之有無，一概聽其在天，不必多生妄想去計較它』。」

「懲忿」的目的是要人保持良好的心理狀態，做到泰山崩於前而面不改色。為此，道光二十二年十一月十三日，他向馮樹堂學習了靜坐之法。但顯然，這不是短期內就能夠達到的，例如道光二十四年的正月初一，他在日記中記載：「是日為車夫忿怒兩次。」看來，「懲忿」需要長期練習才能有效果。

「窒欲」是曾國藩的父訓。初進京時，他的父親就寫信教他保身三要：「節欲」、「節勞」、「節飲食」。一個人如果不能控制自己的欲望，被欲望牽著鼻子走，必定不會有所作爲。

少食則來自孔子曾經說過的一句話：「君子食無求。」對於飲食，曾國藩主張「少食」、「素食」、「清淡」。日常生活多以素食和蔬菜爲主，「常食老米粥以療脾虧」。「吾夜飯不用葷，以肉湯燉蔬菜一二種」。他告誡子弟「夜飯不葷，專食素，亦養生之宜，且崇儉之道也」。他深知「脾胃爲人後天之本」，膏粱厚味、肥魚大肉皆可損傷脾胃。「少食」、「素食」、「清淡」足可以養脾胃，脾胃得養，自然健康長壽。

曾國藩認爲，人體活動則氣血和、經脈通；不動則病滯。所以，他每天堅持飯後走一千步。他還告誡自己的子女、兒媳，要親自種菜、養豬、織布、下廚，不要隨便使喚奴僕。出門要多走路，少騎馬坐轎。

他在家訓中說：「勞則壽，逸則夭。」曾紀澤少時體弱多病，曾國藩便命其每日早晚各步行五里路，堅持日久，體質便轉弱爲強。

我們常說「生命在於運動」。據醫學家說，人到三十歲以後，每過十年，心臟輸送血液的能力就會降低百分之六到八，血管壁受到的壓力增加百分之五到六，肺活量也會減少。一般老年人的肺活量只有年輕時的百分之四十左右，肌肉彈性也會相應減弱。而延緩衰老的唯一辦法就是增加運動。可見曾國藩的「多動」還是有科學道理的。

生命在於運動，沒有健康的體魄，就沒有足夠的精力去工作，也無法享受幸福的生活。世界衛生組織體育活動專家提姆•阿姆斯壯表示，那些花大量時間坐著的人，如果運動能夠貫穿每一天，而不只是每天的一段時間，或許會對他們的健康更有益。

人們常說：「飯後百步走，能活九十九。」「百練不如一走。」這兩種說法足以說明散步在健身中的重要作用。「飯後百步走」尤其適用於長時間伏案工作的人，適合身體比較胖或胃酸分泌過多的人。這些人若能在飯後散步二十分鐘，動靜結合，就能減少胃酸分泌和脂肪堆積，促進身體健康。

散步是日常生活中最簡單、最易行的運動法，運動量不大，但健身效果卻很明顯，而且不受年齡、體質、性別、場地等條件限制。

古今中外的一些長壽老人，他們都把散步作爲延年益壽的手段。當然，散步的關鍵不在於形式，而在於能否持之以恆，只有長期堅持才能有所收穫。

想要身體健康，就不能太「宅」，應該儘量多參加一些戶外活動，比如經常出去逛逛街、見見朋友、爬爬山等。把運動融入日常生活中，長期堅持下去，久而久之，這種行爲便會成爲一種習慣，使人終身受益。

# 2 養生六事

在養生方面，曾國藩在給弟弟的信中提到：「養生六事必有常，一曰飯後千步，一曰將睡洗腳，一曰胸無惱怒，一曰靜坐有常時，一曰習射有常用，一曰黎明吃白飯一碗不沾點菜。」而他尤其提倡的是「視息眠食」，也就是「視必垂簾，息必歸海，食必淡節，眠必虛恬」。「歸海，謂藏息於丹田氣海也；垂簾，謂半視不全開，不若用也；虛恬，謂心虛而無營，膚虛而不滯也。謹此四字，雖無醫藥丹訣，而足以卻疾病矣。」

曾國藩悟出了這一養生之道，具體來說：

「息必歸海」，是指呼吸應當深沉，達到並藏於丹田，即氣息要進入體內深處再呼出。這也是歷代養生家尤爲關注的。

「視必垂簾」，是指練氣功時眼睛不能睜開，也不能閉攏，只能處於「半視不全開」狀態。而對於更廣泛意義的養生來說，長時間地看書、觀景，必須不忘經常眨眨，讓眼皮垂下，閉目養神。

「食必淡節」，是指進食一要淡，二要少。飲食要清淡，食量要節制，進食不要過快、過飽。古人言：「食淡精神爽。」「飲食多則氣逆、百脈閉。」食淡又少，保持腹中空虛，氣才能在體內運行。我們現在提倡的「吃飯要吃七八分飽」、「不要太油膩」、「吃飯要細嚼慢嚥，不提倡狼吞虎嚥」等養生常識都與之吻合。

「眠必虛恬」，是指人在睡覺時，要將一切煩惱事丟之腦後，安安穩穩地入睡。也就是說，心思應處於空虛狀態，無牽無掛，無憂無慮。如果心事重重，則轉輾難眠，夜不成寐，必然損心勞血。

曾國藩還有「養生之道，莫大於『眠食』」之說。他多次強調，養生要在「眠、食」二字上下功夫。他認爲：眠，不一定要睡得久，但要睡得香；吃，應少食多餐，「食之甘美，即勝於珍藥也」。這除了源自他接受先祖的教訓外，也有他自己的經驗。

他在同治二年四月初八日記中說：「余少時讀書，見先君子於日入之後、燈上之前小睡片刻，夜即精神百倍。余近日亦思法之，日入後於竹床小睡，燈後治事，果覺清爽。余於起居飲食按時按刻，各有常度，一一皆法吾祖、吾父之所爲，庶冀不墜家風。」

起居飲食，既要有規律，又要有定時，這與現代的健康養生學非常吻合。

# 3 早起為養生第一秘訣

曾家的祖輩有早起的習慣。

《曾國藩家書》說：「我朝列聖相承，總是寅正即起，至今二百年不改。我家高曾祖考相傳早起，吾得見竟希公、星岡公皆未明即起，冬寒起坐約一個時辰，始見天亮。吾父竹亭公亦甫黎明即起，有事則不待黎明。」「早起，黎明即起，醒後勿沾戀。」

曾國藩主張治家要勤奮，「早起」就是勤奮的一種表現。他不但自己身體力行，還要求家人、部下都要做到這一點，並強調「早起在於貴有恆」。曾國藩一生堅持早起，在他的教導影響下，家中人人「黎明即起，灑掃庭除」。他手下的幕僚、將領無不效法，沒有一個敢睡懶覺。

曾國藩認爲：「早起爲養生第一秘訣。」「早起可以振刷精神。」咸豐十年三月二十四日，他在給弟弟們的信中寫道：「家中後輩子弟個個體弱，嗩吶、吃酒二事須早早戒之，不可開此風氣。學射最足保養，起早尤千金妙方、長壽金丹也。」

正如民間俗語所說：「早睡早起身體好。」早晨空氣新鮮，能令人頭腦清醒，周身舒適。另外，早晨五點至七點是人體大腸經活動最旺的時候，人體需要把代謝的濁物排出體外，此時如果不起床，大腸得不到充分活動，無法很好地完成排濁功能，就容易使濁物停留而形成毒素，危害人體血液和臟腑百骸；早晨七點到九點，人體胃經最旺，需要攝取食物補充能量；九點到十一點，人體脾經最旺，這時人的消化吸收的能力最好，如果這時還不起床，人體胃酸會嚴重腐蝕胃黏膜，人體在吸收營養的最佳時間得不到營養，久而久之，就容易患脾胃疾病，造成營養不良、中氣塌陷。所以，千萬不要賴床。

早睡早起被人們認爲是最簡單不過的養生之道，但是，早起並不是絕對的，而是相對而言。《黃帝內經》對一年四季的起居規律有著詳細的論述：「春三月……夜臥早起。夏三月……夜臥早起。秋三月……早臥早起。冬三月……早臥晚起，必待陽光。」意思是說，在春季的三個月和夏季的三個月中，要睡得晚、起得早；秋季的三個月就要睡得早、起得早；而在冬季的三個月中就應該睡得早、起得晚，一定要等到太陽升起來以後再起床。這和傳統養生學中強調的人體要「順應自然」的觀念是一致的。傳統養生學認爲，人生於天地之間，其生命活動要與大自然的變化保持一致，需要根據四季氣候變化的規律改變自己的日常生活規律，以順應自然。

現代醫學也證明，早睡早起的人精神壓力較小，不易患精神類疾病。另外，早起能有效提高工作、學習效率，正如俗話所說：「三天早起，一天工。」

## 4 多親近大自然

曾國藩可稱得上是一個旅遊家，一生遊歷了祖國的大江南北，僅在其《日記》中記載的就有近兩百處。他有一個習慣，所到之處，大都記於日記中，多則幾百字、上千字，少則幾十字。所記之處，既有聞名天下的勝跡，也有名不見經傳的小景。只要有一孔之見、一己之喜，他就欣然錄之。

人的健康不僅取決於飲食、身體鍛煉或生命在某個時期所處的環境，大自然中的陽光、山、水、草、木對養生也有意想不到的神奇效果。

曾國藩認爲，「寧可食無肉，不可居無竹」。他在雙峰的每處故居，都身處竹林茂密之處。他還在家書中囑咐子侄：「在家則蒔養花什，出門則飽看山水。」花竹養情，山水悟性；花竹因人而風雅，山水因人而靈秀。因此，歷代養生家都非常注重置身山水之間。

曾國藩的這個養生主張和我們現在提倡的通過親近大自然來達到養生目的的說法非常相似。人類的壽命主要通過內外兩大因素實現。「始生之者，人也」，內因是遺傳基因，影響健康長壽的比例占百分之十五到二十；「養成之者，天也」，外因是環境和生活習慣，包括自然環境、生理要素、心理要素、精神要素、社會要素，影響健康長壽的比例占百分之八十到八十五。

當然，旅遊鍛煉身體的作用也是不容小視的。在遠足跋山涉水之中，人們不僅觀賞了大自然的奇妙風景，領略了美好的環境，同時也活動了身體的筋骨關節，鍛煉了體魄，使人氣血流通，利關節而養筋骨，暢神志而益五臟。對於年老體弱者，應只求漫步消遣，不必求快求遠，可緩步而行，時輟時行；對體胖者，徒步旅行是減輕體重的好方法。

國內外許多學者研究認爲，活動腳趾也和活動手指一樣，有助於大腦健康，有人甚至認爲腳掌堪稱人體的「第二心臟」。腳趾活動的減少已成了腰痛等「文明病」的病因，因此，要保持身體健康，就應多遠足郊遊。

如果不能經常出去旅遊，那營造好自己的居室環境也很有助於養生。曾國藩囑咐子侄「在家則蒔養花什」，也是出於這個原因。在居室周圍多培養些芳香濃郁的花，對人的身心健康大有好處。

# 第十六章

## 養心篇——「心理平衡」是健康長壽的基石

曾國藩語錄：

失意事來，治之以忍，方不為失意所苦；快心事來，處之以淡，方不為快心所惑。欲養心者，先治其氣。

# 1 養生先養心

曾國藩提出了一個重要的養生觀點——養生先養心。「心理平衡」是健康長壽的基石。所謂「心理平衡」，就是心情要「靜」，不能大喜大悲、大怒大哀，任何情緒都不能反應過度，要儘量保持平靜。

何謂「養心」？《黃帝內經》認爲是「恬虛無」，即平淡寧靜、樂觀豁達、凝神自娛的心境。

中醫認爲，德高者五臟淳厚、氣血匀和、陰平陽秘，所以能健康長壽。莊子說，有修養的人「平易恬，則憂患不能入，邪氣不能襲」；管子說，「人能正靜，皮膚裕寬，耳目聰明，筋信而骨強」；荀子也說「有德則樂，樂則能久」；孔子精闢地指出，「大德必得其壽」；唐代「藥王」孫思邈則認爲，「德行不克，縱服玉液金丹，未能延年」，「道德日全，不祈善而有福，不求壽而自延，此養生之大旨也」。

孔子主張「仁」，其基本思想是「己欲立而立人，己欲達而達人」和「己所不欲，勿施於人」，具體可以概括爲恭、寬、信、敏、惠、智、勇、忠、恕、孝、弟等。「恭」有謙遜、尊敬之義；「寬」有寬容、寬大之義；「信」有誠信、有信用之義；「敏」有勤勉之義；「惠」有柔順之義；「智」有智慧、智謀之義；「勇」即勇敢之義；「忠」有忠誠、盡心竭力之義；「恕」有仁愛、寬宥之義；「孝」爲善待父母；「弟」同「悌」，爲敬愛兄長之義。一個人如果能兼備上述德行，其心境必定是欣慰和寬鬆的，而不是懊惱、憤恨和作奸犯科後的恐懼，因此，孔子認爲「仁者壽」。善良者能獲得內心的溫暖，緩解內心的焦慮，故而少疾；惡意者終日生活在算計與被算計之中，氣機逆亂，陰陽失衡，故而多病而短壽。

中醫還有「易性」的養心方法。所謂易性，即通過學習、娛樂、交談等方式，來排除內心的悲憤憂愁等不良情緒。具體方法因人因事而異，如「取樂琴書，頤養神性」，或「看書解悶，聽曲消愁，有勝於服藥」，或「止怒莫若詩，去憂莫若樂」，或「勞則陽氣衰，宜乘車馬遊玩」，或「情志不遂……開懷談笑可解」等。事實上，圖書、音樂、戲劇、舞蹈、書法、繪畫、賦詩、塡詞、雕塑、種花、垂釣等，都可起到培育情趣、陶冶情性的作用。

還有一種「養心」的方法是哲理養心，主要是要掌握對立統一和一分爲二的觀點，可以借鑒明末清初著名哲學家王夫之提出的「六然」、「四看」。所謂「六然」，就是「自處超然」，即超凡脫俗，超然達觀；「處人藹然」，即與人爲善，和藹相親；「無事澄然」，即澄然明志，寧靜致遠；「失意泰然」，即不灰心喪志，輕裝上陣；「處事斷然」，即不優柔寡斷；「得意淡然」，即不居功自傲、忘乎所以。所謂「四看」，就是「大事難事看擔當」，能擔當得起；「逆境順境看襟懷」，能承受得起；「臨喜臨怒看涵養」，能寵辱不驚；「群行群止看識見」，能去留無意。

曾國藩在總結前人的基礎上，提出了自己的「養心」辦法：一是「慎獨」，認清善惡，進行道德自省，心中安泰，清心寡欲；二是「主敬則身強」，一個人無論內外，皆須莊重寧靜，「能固人肌膚之會筋骸之束」；三是「求仁則人悅」，胸懷萬物，順應天地之理；四是多習於勤勞，少安逸享樂，因為勤勞使人長壽，安逸使人早亡。

在養心的基礎上，他認識到，要想真正實現養心的目的，首先要「治氣」。儒家的另一位代表人物荀子早就提出了類似的觀點。

荀子認為，在人的生命運動過程中，「神」和「氣」起著關鍵作用，故曰：「心者，形之君也，而神明之主也。」所以，荀子修身特別強調「治氣養心」，他把「治氣養心」和「治學處世」結合起來，稱為「扁（遍）善之度」。

怎樣「治氣養心」呢？荀子將它分為兩個階段。第一階段是陶冶性情。他主張針對各人性情上的弱點，在日常生活中反其道而治之。這樣日復一日地陶冶性情，就能改善自身先天的稟賦不足，達到「治氣養心」的目的。比如，有的人怒氣盛，那就讓他練習將心態放平和；有的人血氣剛強，就讓他練習變得柔順一些，等等。

第二階段是在陶冶性情的基礎上做進一步的修養，其要旨有三：曰禮，曰一，曰誠。《荀子．修身》曰：「凡治氣、養心之術，莫徑由禮，莫要得師，莫神一好。」這裡提到了「禮」和「一」，而「誠」則是前提。

曾國藩主張用讀書的辦法來實現治氣的目的，用讀書養浩然之氣。心中坦然、精神愉悅，是人們普遍的養生經驗，是長壽的最好秘訣之一。而要做到這些，當追求「以光輝燦爛的事物充滿人心的學問，如歷史、寓言、自然研究皆是也」。曾國藩多次強調這種讀書對養生的作用。

他的兩個兒子曾紀澤、曾紀鴻體質差，曾國藩勸他們多讀並多臨摹顏字之《郭家廟》、柳字之《琅琊碑》和《玄秘塔》，希望以其豐腴的墨氣、堅韌的骨力充實他們的生命氣質。他還希望他們在吟詩寫字、陶冶性情時，學習陶淵明、謝朓的沖淡之味、和諧之音、瀟灑胸襟……也就是說，以文化的力量，潛移默化地影響人的精神世界，再以精神世界影響人的物質世界（生命體），達到養生的目的。

「莫將身病爲心病」，這是明代思想家王陽明的名言。意思不言自明：心理負擔過重，心累對身體健康毫無益處。人們常說：「肩上百斤不算重，心頭四兩重千斤。」可見情緒對健康的影響是極大的。

古人的養生之道，在於寧心養神。《素向・上古天真論》記載：「恬淡虛無，真氣從之，精神內守，病從安來？」這就是說，心情平靜，不動雜念，疾病便無從發生。所以，做到心情舒暢、怡然自得，便可以延年益壽。

## 2 慎獨則心安

「慎獨」這個詞出自《禮記・中庸》：「君子戒慎乎其所不睹，恐懼乎其所不聞。莫見乎隱，莫顯乎微，故君子慎其獨也。」意思是說，在最隱蔽的時候最能看出一個人的品質，在最微小地方最能顯示人的靈魂，一個真君子，即使在沒人的時候也不會表現出一點不好的言行，而是表現得像在人前一樣。

也就是說，一個人即使是在獨處的時候，對自己的行爲也要嚴格加以檢束。

曾國藩在他的日記中寫道：「慎獨則心安。自修之道，莫難於養心。心既知有善知有惡，而不能實用其力，以為善去惡，則謂之自欺。方寸之自欺與否，蓋他人所不及知，而己獨知之。故《大學》之《誠意》章，兩言慎獨。果能好善如好好色，惡惡如惡惡臭；力去人欲，以存天理，則《大學》之所謂自慊，《中庸》所謂戒慎恐懼，皆能切實行之。即曾子之所謂自反而縮，孟子之所謂仰不愧、俯不怍。所謂養心莫善於寡欲，皆不外乎是。」

著名的漫畫家豐子愷先生畫過一幅非常能體現「慎獨」題材的漫畫，畫上的題詞是「無人之處」。畫上的那個人在有人的時候總是戴著一張面具，笑容燦爛，但是沒有人的時候，他就會摘下面具，面具後的面目猙獰醜陋，令人作嘔。這就是「僞君子」，當面一套，背後一套，表裡不一。與之不同的是，真正的君子任何時候都是一個樣，不會因爲有人或沒人而改變自己的言行。

慎獨是一個人內在品質的試金石，也是人生正己修身的必修課。生活在這喧囂的人世中，鮮花、掌聲和讚美聲有時會讓我們無法認清自己。但慎獨卻可以鍛煉我們，提醒著自己不可失了分寸，不能沒了尺度。久而久之，這就會成爲一種習慣，而慎獨之人也會真正成爲一個表裡如一的君子。

慎獨是一種寶貴的品德，它如空谷幽蘭，即使不在人們的視野範圍之內，在高山峽谷中也能堅守自己的本分，保持自己的操守，守著天地，逕自綻放，靜默飄香。

# 3 治身不靜則身危

曾國藩在「靜」字上下足了功夫，他說：「治身不靜則身危。」然而，曾國藩並不是一開始就懂得如何做到清靜，道光二十二年，他在寫給弟弟的書信中說：「應酬日繁，予以素性浮躁，何能著實養靜？」由於心浮氣躁，曾國藩曾吃過大虧。

曾國藩初涉仕途，血氣方剛，年輕氣盛。太平天國起義後，曾國藩來到湖南衡州辦團練，動輒指摘別人，尤其是與綠營軍的摩擦鬥法，與湖南官場的離異不合，還有在南昌與陳啟邁等人的爭強鬥勝，都對他造成了不利的影響。鋒芒畢露、剛烈太甚，必然會傷害太多人，給自己設置許多障礙，埋下許多意想不到的隱患。

當一次次在浮躁身上吃到苦頭後，曾國藩開始強迫自己「靜」下來，注重養心。在戰火紛飛的年代，曾國藩的養心功夫派上了用場。

同治三年五六月間，曾國藩的弟弟曾國荃率領吉字營五萬人馬，在圍攻江寧兩年後，戰爭已進入最後見分曉的階段。雙方這次都拚死一戰，仗打得十分慘烈。

吉字營對這場仗並無勝算，加上當時各方矛盾重重，甚至波及了曾氏家族，所以此事不僅僅是「公事」，更是他最最重要的「私事」。曾國藩的一顆心被江寧戰事牽掛著，終日緊鎖眉頭，煩躁不安，無法寧靜下來。然而，除了等消息，他無計可施。曾國藩這時想起了早期在京師的「靜坐」功課，於是在安慶江督衙門的三樓上特闢了一個靜室，每天下午四五點鐘的時候，他就獨自一人在靜室裡坐一個小時：排除一切雜念，凝神枯坐。這招果然有效果：上樓時心亂如麻，下樓時心閒氣定。就這樣持續了一個多月，直到曾國荃的捷報傳來。

曾國藩對此感悟道：只有心靜到極點時，身體才能寂然不動，儘管號稱沒有絲毫雜念，但畢竟未能體驗出真正的「靜」境來。真正的「靜」境是在封閉潛伏到極點時，逗引出一點生動的意念來，就像冬至那一天，陰氣殆盡，陽氣初動一樣。

然而，對於現代人而言，「修身養性」、「鬧中取靜」好像是個遙遠、奢侈而又帶點不可捉摸的神秘色彩的字眼，雖然感覺到生活節奏太快、負擔太重、壓力太大，要休養生息，強化個人修養，卻往往不知道應該從哪裡著手。

久別的朋友見面，大多會彼此在一起抱怨自己活得多累，每天忙忙碌碌卻不知道自己到底在做什麼，有時特別想找一個沒有人的地方大哭一場，家庭的重擔、工作的壓力、人際的複雜，如大山般壓在心頭，讓人喘不過氣來，而唯一一點屬於自己的時間，卻都用在了為明天的前途憂慮上。

這些抱怨者，大多都是一些事業有成、有車有房、家庭美滿的人，別人羨慕他們還來不及，而他們卻覺得自己活得不幸福。究其原因，就是因為他們患上了「心靈擔憂症」，而對付這種「病」的辦法只有一個，那就是不要想得太多。

生活不可能像心目中所期望的那樣美好，它有酸甜苦辣，有悲情苦楚，也有許多憂慮。

而一個個人的力量是渺小的，所以遇生活之變，一定要冷靜，做好自己能做到的事情，只要無愧於心，此生便已無憾。

曾國藩認為凡事只要能做到「靜」，就可以很好地解決問題。很多時候之所以會引起衝突，就是內心不靜的原因。在養生方面，他更是強調「靜」的作用。只不過養生的「靜」還可以拓展為「淡然」、「淡泊」等領域。他說：「人心能靜，雖萬變紛紜亦澄然無事；不靜則燕居閒暇，亦憧憧亦靡寧。靜在心，不在境。」

# 4 做自己情緒的主人

一個人一生中會遇到很多煩心事，也需要解決很多煩心事，如果無法沉下心來，這些事情就很不好解決。尤其是在工作中，很多事情簡直是千頭萬緒，有的甚至是你非常反感的，卻不能由著自己的性子來。有的人，解決掉一件煩心事還可以，兩件也還湊合，遇到第三件必定會暴躁不已；有的人對付小麻煩可以，遇到大麻煩就束手無策了；有的人替別人解決麻煩事很得心應手，但是一到自己頭上就傻眼。這樣就有可能導致心浮氣躁，做出一些不理性的事情，給自己帶來不好的後果。

曾國藩以忍見長，隱忍成就了他的輝煌。他認爲，爲官之道，要忍別人所不能忍。有人曾經告誡曾國藩：「居官以耐煩爲第一要義。」曾國藩覺得這句話非常正確。他說的耐煩，就是要控制自己的情緒，要遇事冷靜，不可急躁行事。

在曾國藩看來，古往今來的失敗者，當然也包括那些失敗的英雄們，大多都敗在氣度不夠開闊、不能耐煩、不能控制自己的情緒上，這是應當引以爲戒的。曾國藩認爲，做事能夠耐煩，主要來源於平時對心性的修養。他還引用莊子的話「美成在久」，來教導身邊的人。

他對大家說，驟然爲人信服的人，他所得到的信任是不牢固的，因爲一個人如果突然之間就名噪一時，那麼他的名聲一定大於實際的影響；品德高尚、修養很深的人雖然沒有赫赫名聲，也無突然而得的讚譽，就像一年四季的更替，是有序、漸進地完成一年的運轉，就像桃李，雖不說話，卻由於花果的美好，自然會吸引人們慕名前來。

靠時間積累出來的美名是最牢靠的，也是最吸引人的，但這是一個比較漫長的過程，不耐煩的人是做不到的。

曾國藩的仕途正體現了這一點。他一生經歷了政敵的無數排擠、誹謗和攻擊，順利的時候少，不順利的時候多。道光三十年、咸豐元年，他被京師的高官責罵；咸豐三年、四年，他在長沙挨罵；咸豐五年、六年，他在江西被人責罵；加上來自清廷的種種猜忌，來自官場同僚的攻擊，再加上嶽州之敗、湖口之敗、靖江之敗……他的一生可謂坎坷無數。但就在這樣的人生境遇裡，他還是練就了一身過硬的「忍」功。

湘軍和太平軍作戰初期總是敗多勝少，而且還要面對地方官員的不支持、同僚的譏諷、糧餉自籌等問題，但這還不算最壞的。曾國藩率兵從衡陽出發打到武漢，由於指揮不當導致湘軍損失慘重，他也曾投水自殺，這更是引來湖南軍政各方的譏諷。後來打下武漢，剛能喘口氣，結果江西的戰事很快又陷入了膠著狀態。近五六年的時間裡，他在江西、安徽一帶發起的軍事行動一直在低迷中徘徊不定。這期間，曾國藩遭遇了地方政府的指責、朝廷的不信任、友軍的不配合等種種磨難。走投無路之下，他再一次投水自殺未遂，又被朝廷冷落了一年多。這一切的一切，曾國藩都忍過來了，他知道只有忍過這些，才能站穩腳跟，才能擁有政治資本。

曾國藩認為，古來英雄豪傑最忌「難禁風浪」，因此，他在官宦生涯中，隨時提醒自己要有耐煩的功夫，要控制自己的情緒。他在給曾國荃的信中說：「我一天天老了，也還經常有控制不了自己肝火的時候。但是我總是提醒自己要抑制住怒氣，這也就是佛家所講的『降龍伏虎』。龍就是火，虎就是肝氣。自古以來，有多少英雄豪傑沒有闖過這兩關啊，也不僅是你我兄弟這樣。關鍵要抑制自己的情緒，不能讓它隨便發作。儒家、佛家理論不同，然而在節制血氣方面，沒有什麼不同，總而言之，不能情緒化，這樣對身體是非常有害的。」

做自己情緒的主人，你才不會被情緒牽著鼻子走，才不會逞匹夫之勇，使局面變得不可收拾。曾國藩修身養性主張一個「靜」字。人生不如意事十之八九，只有靜下心來，才能保持頭腦清醒；頭腦清醒，才能做出正確的判斷；正確的判斷才有助於更好地解決掉煩心事。

世界上的許多事本來就無所謂好壞，面對一件事情，你是保持樂觀豁達的心境還是自尋煩惱，全在你的一念之間。選擇自己認爲正確的方向和目標，並且盡自己最大的努力將其實現，那麼，你就是成功的。

誰都無法平安無事、無憂無慮地過一輩子，誰都可能遇到不盡如人意的事。有的人能從挫折中瞭解人生的真諦，從困難中取得生存的經驗，從而歡樂常在，勇於奮進，終於到達成功的彼岸；而有的人則把苦難和憂愁悶在心上，整日裡煩惱不盡，不能自拔，不僅事業無成，而且累及身心健康。

所以你可以選擇從快樂的角度去看待生活，也可以選擇從痛苦的角度面對生活。魚在水裡游來游去，那麼從容，那麼自在，牠的快樂全部瀰漫在水中，而我們人類的快樂也全部藏匿在生活的各個角落，它們是那樣的簡單，簡單到只需要人們用心去細細地品味。只要我們有一顆細細品味幸福的心，快樂自會縈繞在身旁。

臺灣著名漫畫家蔡志忠說：如果拿橘子比喻人生，一種是大而酸的，另一種就是小而甜的。一些人拿到大的會抱怨酸，拿到甜的會抱怨小；而有些人拿到小的就會慶幸它是甜的，拿到酸的就會慶幸它是大的。當我們不知事情該如何進展下去時，也許換個角度思考問題，問題就會迎刃而解。

# 從書生到扭轉乾坤：曾國藩傳奇

(原書名：關鍵時刻，曾國藩如何反敗為勝)

作者：歐陽彥之
發行人：陳曉林
出版所：風雲時代出版股份有限公司
地址：10576台北市民生東路五段178號7樓之3
電話：(02) 2756-0949
傳真：(02) 2765-3799
執行主編：劉宇青
美術設計：吳宗潔
業務總監：張瑋鳳

出版日期：2023年9月 新版一刷
版權授權：馬峰
ISBN：978-626-7303-84-9

風雲書網：http://www.eastbooks.com.tw
官方部落格：http://eastbooks.pixnet.net/blog
Facebook：http://www.facebook.com/h7560949
E-mail：h7560949@ms15.hinet.net
劃撥帳號：12043291
戶名：風雲時代出版股份有限公司

風雲發行所：33373桃園市龜山區公西村2鄰復興街304巷96號
電話：(03) 318-1378
傳真：(03) 318-1378
法律顧問：永然法律事務所 李永然律師
　　　　　北辰著作權事務所 蕭雄淋律師

行政院新聞局局版台業字第3595號 營利事業統一編號22759935


**定價 ：320元**



國家圖書館出版品預行編目資料

從書生到扭轉乾坤：曾國藩傳奇 / 歐陽彥之著. -- 臺北市：風雲時代出版股份有限公司, 2023.08
面； 公分

ISBN 978-626-7303-84-9（平裝）
1.CST: (清)曾國藩 2.CST: 傳記

782.877　　112010027